Vieweg Programmbibliothek
Mikrocomputer 2

Iterationen, Näherungsverfahren,
Sortiermethoden

Vieweg Programmbibliothek
Mikrocomputer

Herausgegeben von Harald Schumny

Band 1
Graphik-Programme für TRS-80 und HP 9830

Band 2
Iterationen, Näherungsverfahren, Sortiermethoden
BASIC-Programme für
CBM 3032, HP 9830, TRS-80, Olivetti 6060

Vieweg Programmbibliothek
Mikrocomputer Band 2

Harald Schumny (Hrsg.)

Iterationen, Näherungsverfahren, Sortiermethoden

BASIC-Programme für CBM 3032, HP 9830, TRS-80, Olivetti 6060

Springer Fachmedien Wiesbaden GmbH

CIP-Kurztitelaufnahme der Deutschen Bibliothek

Iterationen, Näherungsverfahren, Sortiermethoden:
BASIC-Programme für CBM 3032, HP 9830, TRS-80,
Olivetti 6060 / [Die Autoren d. Bd. Karl Achilles ...]. —
    Springer Fachmedien Wiesbaden 1982
       (Vieweg-Programmbibliothek Mikrocomputer; Bd. 2)

NE: Achilles, Karl [Mitverf.]; GT

Die Autoren des Bandes

Karl Achilles
Neuenstraße 2, 2805 Stuhr 1
Studienrat für Mathematik, Physik, Informatik

Achim Stößer
Hauptstraße 83, 7552 Durmersheim
Schüler

Dietmar Herrmann
Lärchenstraße 20, 8011 Anzing
Fachlehrer für Mathematik, Physik und Informatik

Hans Josef Claßen
Vicht-Eifelstraße 124, 5190 Stolberg

1982

ISBN 978-3-528-04207-3   ISBN 978-3-322-91750-8 (eBook)
DOI 10.1007/978-3-322-91750-8

Inhaltsverzeichnis

Einführung

In seinem Standard-Werk "Praktische Mathematik für Ingenieure
und Physiker" beschreibt R. Zurmühl[*] "... Verfahren zur zah-
lenmäßigen Lösung bestimmter mathematischer Grundaufgaben, wie
sie immer wieder in technischen und physikalischen Anwendungen
auftreten und so auch dem rechnenden Ingenieur in seiner Be-
rufsarbeit begegnen. Praktische Mathematik und Technik stehen
seit jeher in engster Wechselwirkung. So wie jene immer aufs
neue von den oft sehr anspruchsvollen Forderungen der modernen
Technik Anregung und Auftrag erhält, so ermöglichen umgekehrt
erst die Methoden der praktischen Mathematik die Inangriffnah-
me vieler technischer Aufgaben ... Charakteristisch und reiz-
voll zugleich an der praktischen Mathematik ist die innige Ver-
flechtung mathematischer Theorie und numerischer Rechnung."

Dieses Zitat ist der vierten Auflage entnommen, die 1963 er-
schienen ist und mit "Bemerkungen zum Zahlenrechnen, zum Re-
chenschieber und zur Rechenmaschine" beginnt. Interessant dann
der Hinweis im Vorwort, daß in den Änderungen gegenüber der
dritten Auflage "der wachsende Einfluß automatischer Rechnung
zum Ausdruck kommt: in der Auswahl der Verfahren, im Zurück-
treten älterer zugunsten neuer für den Automaten vorteilhafte-
rer Vorgehensweisen, ja sogar in einigen ALGOL-Programmen dort,
wo der Automat die Handrechnung mehr und mehr verdrängt".

Diese vor 18 Jahren abgegebene Einschätzung wurde sehr schnell
durch die Entwicklung bestätigt. Und seit "persönliche" Mikrocomputer preiswert verfügbar sind, ist nicht mehr nur ALGOL-
Programmierern (also z.B. Benutzern von Rechenzentren) die
vorteilhafte Nutzung der Methoden der praktischen Mathematik
eröffnet. Die von R. Zurmühl vor vielleicht 30 Jahren systema-
tisch beschriebenen Verfahren sind in der Regel in BASIC pro-
grammierbar und auf Mikrocomputern in Grundausstattung lauffä-
hig.

---

[*] R. Zurmühl: Praktische Mathematik für Ingenieure und Physiker. Springer-Verlag

Die zugrunde liegenden Reihenentwicklungen, Sätze, Iterationen
usw. sind natürlich meist viel älter (z.B. Satz von <u>Vieta</u>,
1540-1603; <u>Horner</u>-Schema, 1786-1837). Andere Methoden und Al-
gorithmen sind nicht so alt (z.B. Q-D-Algorithmus nach H. Rutishauser, 1954).

In diesem Band der Programmsammlung sind neben Arbeiten zur
praktischen Mathematik auch solche aufgenommen, die eher zum
Bereich Informatik zu zählen sind (z.B. Monte-Carlo-Verfahren).
Ein wenig Spaß bereiten kann das Programm "Magisches Quadrat"
mit Beispielen aus China (zweieinhalbtausend Jahre alt) und
von A. Dürer (1514).

Von hohem praktischen Nutzen sind schließlich die neun Sortier-
programme, in denen verschiedene Sortiermethoden vorgestellt
werden. Einige der Methoden wurden parallel zur Entstehung der
modernen Computertechnik entwickelt, z.B. 1945 von <u>J. v. Neumann,</u> 1959 von D.L. Shell, 1962 von C.A.R. Hoare, 1964 von
J.W.J. Williams. Beim Sortieren von Datenbeständen oder Texten
können sie alle hilfreich sein.

Die Programme sind sehr ausführlich kommentiert und mit Pro-
blembeschreibungen eingeführt. Flußdiagramme und Programmli-
sten sind beigefügt, so daß das Übertragen auf andere Computer
eigentlich gelingen müßte.

Allgemeines Iterationsverfahren $x = \varphi(x)$

von Karl Achilles

1. AUFGABENSTELLUNG

Die reellen Nullstellen einer gegebenen Funktion $f(x)$ sollen
mit Hilfe des allgemeinen Iterationsverfahrens gefunden werden.

2. BESCHREIBUNG DES LÖSUNGSWEGES

Für eine Nullstelle von $f(x)$ sei die Näherung x_o gegeben.
Bildet man $\varphi(x) = f(x) + x$, so führt in vielen Fällen die Ite-
ration $x_{i+1} = \varphi(x_i)$ zum Ziel ($f(x) = 0$, daher $\varphi(x) = x$).
Bedingung für die Konvergenz des Verfahrens ist, daß die Ableitung $\varphi'(x)$ in einer genügend großen Umgebung der Nullstelle
betraglich kleiner als 1 bleibt.

Skizze:

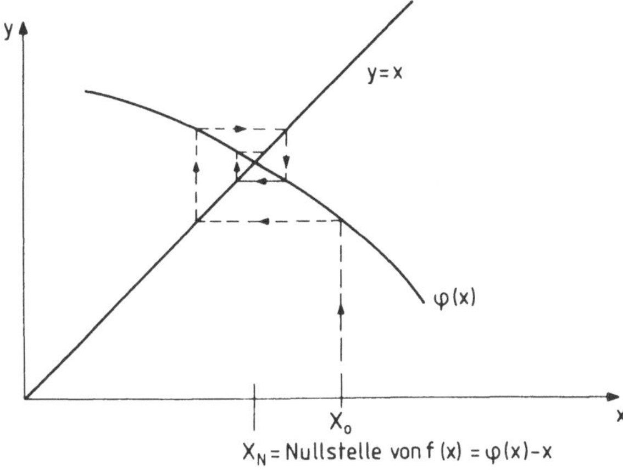

3. PROGRAMMBESCHREIBUNG

Die Iterationsvorschrift wird im Programm realisiert durch
eine Anweisung der Form $X_o = \text{PHI}(X_1)$.
Abbruchbedingungen sind
- Erreichen eines vorgegebenen Maximums für die Anzahl der
  Iterationen (Maximum = N),
- zwei aufeinanderfolgende Iterationswerte unterscheiden sich
  um weniger als eine vorgegebene Schranke EP.

3.1 Programmablaufplan

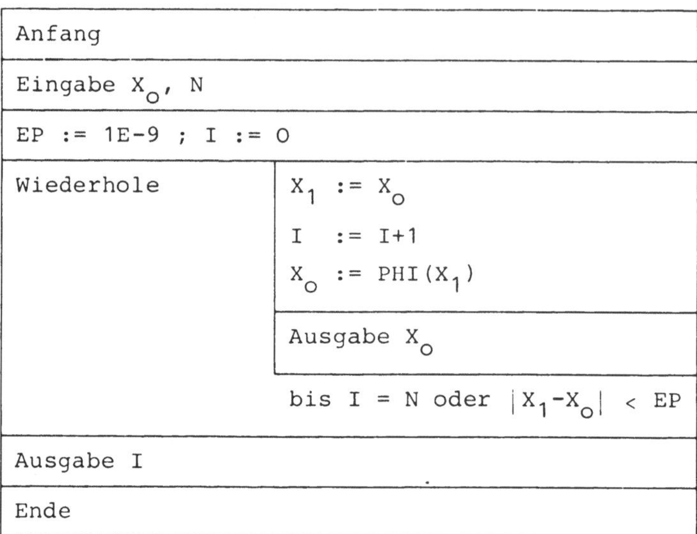

Die Schranke EP kann natürlich auch anders gewählt werden, je nachdem, welche Genauigkeit man für die Approximation der Nullstelle wünscht.

3.2 Programmlisting CBM 3032

```
READY.

90 PRINT""
100 PRINT"*********************"
110 PRINT"*ITERATIONSVERFAHREN*"
120 PRINT"*********************":PRINT:PRINT:PRINT
130 PRINT"DAS PROGRAMM ERMITTELT DIE LOESUNG DER  GLEICHUNG"
140 PRINT" X = PHI(X) "
150 PRINT"NACH DEM ALLGEMEINEN ITERATIONSVERFAHREN":PRINT:PRINT
160 PRINT"DEFINIEREN SIE PHI(X) IN ZEILE 200"
170 PRINT"Z.B. -200 DEFFNPHI(X)=COS(X)-":PRINT:PRINT:PRINT
180 PRINT"STARTEN SIE DANN DAS PROGRAMM MIT":PRINT"- RUN 200 -":PRINT:PRINT
190 END
200 DEFFNPHI(X)=COS(X)
210 PRINT""
220 PRINT"BITTE STARTWERT X0 ANGEBEN"
230 INPUT X0:PRINT:PRINT:PRINT
240 REM EPSILON WIRD AUF 1E-9 FESTGELEGT
250 EP=1E-9
260 PRINT"WIEVIELE ITERATIONEN SOLLEN ES MAXIMAL SEIN ?"
270 INPUT N
280 PRINT""
290 PRINT"NAEHERUNGSWERTE"
300 PRINT"----------------":PRINT
310 I=0
320 X1=X0:I=I+1
330 X0=FNPHI(X1)
340 PRINT X0
350 IF I<N THEN IF ABS(X1-X0)>=EP THEN 320
360 PRINT:PRINT"ES WAREN"I"ITERATIONEN":PRINT:PRINT
370 END
READY.
```

4. ANWENDUNGSBEISPIELE

4.1 $f(x) = \cos x - x$

Hier ist $\varphi(x) = \cos x$. Die Ableitung ist $\varphi'(x) = -\sin x$.
Für $x \neq (2z+1) \cdot \pi/2$ ist diese Ableitung betraglich immer
kleiner als 1, das Iterationsverfahren konvergiert also.
Mit dem Startwert $X_O = 1$ ergibt sich eine Approximation von
0.739085134 für die Nullstelle von f.

4.2 $f(x) = x^2 - 5x + 6$

Setzt man $f(x) = O$ und formt die sich ergebende quadratische
Gleichung (Bedingung $x \neq O$) äquivalent um, so erhält man
$x - 5 + 6/x = O$ bzw. $x = 5 - 6/x$.
Mit $\varphi(x) = 5 - 6/x$ liegt wegen $|\varphi'(x)| = |6/(x^2)|$ für $|x| > \sqrt{6}$
Konvergenz vor.

Wählt man den Startwert $X_O = 5$, so stellt sich heraus, daß das
Verfahren gegen die Nullstelle +3 konvergiert.

4.3 Beispiel Eingabe/Ausgabe ($f(x) = \cos x - x$)

Eingabe: XO = 1   ;   N = 5O

Ausgabe: NAEHERUNGSWERTE

      0.54O302306
      0.857553215
      0.654289791
         ...
         ...
      0.739O85135
      0.739O85132
      0.739O85134

      ES WAREN 47 ITERATIONEN

Quadratische Gleichung

von Karl Achilles

<u>Problem</u>

Gesucht sind die Lösungen der quadratischen Gleichung

$$ax^2 + bx + c = 0 \qquad (a,b,c \in \mathbb{R})$$

Auch eventuelle komplexe Lösungen sollen ausgegeben werden!

<u>Programmablaufplan</u>

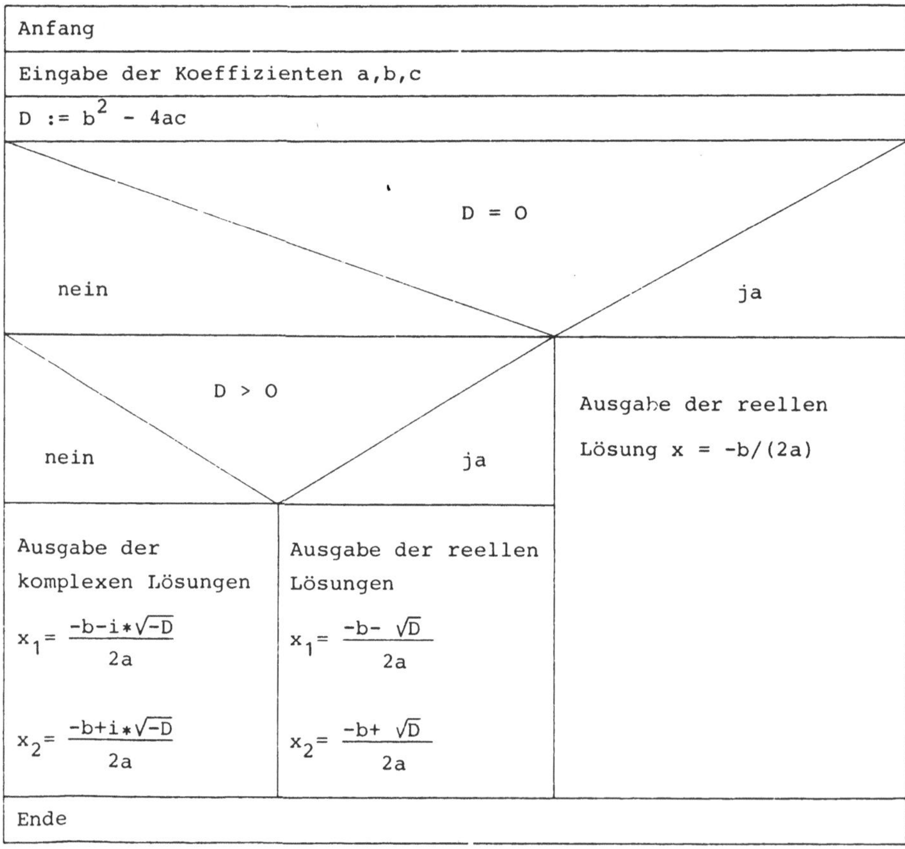

Anmerkungen

1) Wegen der auftretenden Rundungsfehler bei der Berechnung
   der Diskriminante D wird die Abfrage D = O ersetzt durch
   $|D| < \varepsilon$. Epsilon ist dabei eine sehr kleine positive Zahl
   (etwa 10^{-8}).

2) Das Programm prüft außerdem, wie groß der Fehler wird, wenn
   die reellen x-Werte in die quadratische Gleichung einge-
   setzt werden.

Beispiele

1) a=1   b=4   c=4
   Ausgabe: eine reelle Lösung x = -2

2) a=5   b=12   c=7
   Ausgabe: zwei reelle Lösungen x_1 = -1,4 x_2 = -1

3) a=4   b=-6   c=3.25
   Ausgabe: zwei komplexe Lösungen

   x_1 = 0.75-0.5*i x_2 = 0.75+0.5*i

Programmlisting

```
READY.

 10 REM DIE QUADRATISCHE GLEICHUNG
 20 REM A*X*X+B*X+C=0 WIRD GELOEST
 30 PRINT"J"
 40 PRINT"*************************"
 50 PRINT"* QUADRATISCHE GLEICHUNG *"
 60 PRINT"*************************"
 70 PRINT PRINT PRINT
 80 PRINT"EINE QUADRATISCHE GLEICHUNG DER FORM    A*X*X+B*X+C=0 WIRD GELOEST"
 90 PRINT"WEGEN DER AUFTRETENDEN RUNDUNGSFEHLER   WIRD EINE KONSTANTE EPSILON"
100 PRINT"VERWENDET. SINNVOLLE WERTE SIND ETWA    1E-10 ODER 1E-8"
110 PRINT PRINT
115 PRINT"AUCH KOMPLEXE LOESUNGEN WERDEN AUSGEGEBEN" PRINT PRINT
120 PRINT "WERTE FUER A,B,C"
130 INPUT A,B,C
140 INPUT "EPSILON",EP
150 PRINT PRINT PRINT
160 D=B*B-4*A*C
170 REM UEBERPRUEFUNG DER DISKRIMINANTE"
180 IF ABS(D)=EP THEN 270
190 REM WURZELWERT WIRD NULL GESETZT
200 W=0
210 PRINT "NUR EINE REELLE LOESUNG"
220 X2=(W+B)/-2*A)
230 PRINT X2
240 X=X2
250 GOSUB 460
260 GOTO 510
270 W=SQR(ABS(D))
280 IF D<0 THEN 360
290 X1=(W-B)/2/A
300 PRINT "1.REELLE LOESUNG"
310 PRINT X1
320 X=X1
330 GOSUB 460
340 PRINT "2.REELLE LOESUNG"
350 GOTO 220
360 IM=W/2/A
370 RE=-B/2/A
380 PRINT "DIE LOESUNGEN SIND KOMPLEX"
390 PRINT
400 PRINT "1.KOMPLEXE LOESUNG"
410 PRINT RE, "- I *",IM
420 PRINT
430 PRINT "2.KOMPLEXE LOESUNG"
440 PRINT RE, "+ I *",IM
450 GOTO 510
460 PRINT
470 F=A*X*X+B*X+C
480 PRINT "DER FEHLER BETRAEGT F=",F
490 PRINT PRINT
500 RETURN
510 END
READY.
```

Polynomerzeuger

von Karl Achilles

1. AUFGABENSTELLUNG

Ein Polynom P n-ten Grades habe n reelle Nullstellen, welche
bekannt seien. Gesucht sind die Koeffizienten a_i (i = 1 bis n)
des normierten Polynoms.

2. BESCHREIBUNG DES LÖSUNGSWEGES

2.1 Beispiel

-2; 1; 3 seien die Nullstellen.
Das normierte Polynom hat dann die Linearfaktorzerlegung

$$P = (x+2)(x-1)(x-3) = x^3 - 2x^2 - 5x + 6$$

Ergebnis $\quad a_3 = 1 \quad a_2 = -2 \quad a_1 = -5 \quad a_0 = 6$

2.2 Verallgemeinerung

$x_1; x_2; \ldots; x_{n-1}; x_n$ seien die n Nullstellen eines Polynoms
n-ten Grades.
Es gilt dann:

$$P = a_n x^n + a_{n-1} x^{n-1} + \ldots + a_2 x^2 + a_1 x + a_0$$

Nach dem Wurzelsatz von VIETA sind die a_i mit den x_i folgendermaßen verknüpft:

$$a_n = 1$$
$$a_{n-1} = -(x_1 + x_2 + \ldots + x_n)$$
$$a_{n-2} = x_1 x_2 + x_1 x_3 + x_2 x_3 + \ldots + x_{n-1} x_n$$
$$a_{n-3} = -(x_1 x_2 x_3 + x_1 x_2 x_4 + \ldots + x_{n-2} x_{n-1} x_n)$$

$$\vdots \qquad\qquad \vdots \qquad\qquad \vdots$$

$$a_0 = (-1)^n \cdot x_1 x_2 x_3 \cdot \ldots \cdot x_{n-1} x_n$$

3. PROGRAMMBESCHREIBUNG

Wie der folgende Programmablaufplan zeigt, lassen sich die a_i durch eine relativ einfache Vorschrift berechnen.

3.1 Programmablaufplan

<table>
<tr><td colspan="3">Anfang</td></tr>
<tr><td colspan="3">Eingabe des Polynomgrads n und der Nullstellen x_i</td></tr>
<tr><td colspan="3">$a_n := 1$

$a_i := 0$ für i=0 bis n-1

k := n</td></tr>
<tr><td rowspan="4">Wiederhole</td><td colspan="2">i := n</td></tr>
<tr><td>Wiederhole</td><td>$a_{n-1} := a_{n-i} - (a_{n-i+1} * x_{n-k+1})$

i   := i-1</td></tr>
<tr><td colspan="2">bis i = 1</td></tr>
<tr><td colspan="2">k := k-1</td></tr>
<tr><td colspan="3">bis k = 1</td></tr>
<tr><td colspan="3">Ausgabe der Koeffizienten a_i für i=0 bis n</td></tr>
<tr><td colspan="3">Ende</td></tr>
</table>

3.2 Programmlisting

```
READY.
 100 PRINT""
 110 PRINT"********************"
 120 PRINT"* POLYNOMERZEUGER *"
 130 PRINT"********************"
 140 PRINT""
 200 INPUT"GEBEN SIE DEN GRAD DES POLYNOMS EIN",N
 202 PRINT""
 205 DIM A(N),X(N)
 210 FOR I=1 TO N
 220 PRINT"GEBEN SIE DIE" I "-TE NULLSTELLE EIN" INPUT X(I)
 230 NEXT I
 240 FOR I=0 TO N-1: A(I)=0 NEXT I
 250 A(N)=1
 260 FOR K=N TO 1 STEP -1
 270 FOR I=N TO 1 STEP -1
 280 A(N-I)=A(N-I)-(A(N-I+1)*X(N-K+1))
 290 NEXT I
 300 NEXT K
 310 REM  * ENDE KOEFFIZIENTENBERECHNUNG *
 320 REM
 330 PRINT""
 340 PRINT"DIE KOEFFIZIENTEN DES POLYNOMS SIND "
 350 PRINT"-----------------------------------" PRINT
 360 FOR I=N TO 0 STEP -1
 370 PRINT"A("I") = "A(I)
 380 NEXT I
 400 END
READY.
```

4. ANWENDUNGSBEISPIELE

<u>4.1</u> Nullstellen   2   3   -1

Koeffizienten $a_3=1$ $a_2=-4$ $a_1=1$ $a_0=6$

<u>4.2</u> Nullstellen   -4   -2   -1   1   2

Koeffizienten $a_5=1$ $a_4=4$ $a_3=-5$ $a_2=-20$ $a_1=4$ $a_0=16$

<u>4.3</u> Nullstellen   0.5   -1,5   -6.1   0.01   0

Koeffizienten $a_5=1$ $a_4=7.09$ $a_3=5.279$ $a_2=-4.6285$

$a_1=0.4575$ $a_0=0$

<u>4.4 Eingabe/Ausgabe für 4.1</u>

```
EINGABE    - Grad N        = 3
           - Nullstelle X1 = 2
           - Nullstelle X2 = 3
           - Nullstelle X3 = -1

AUSGABE    Die Koeffizienten des Polynoms sind:

           A(3) = 1
           A(2) = -4
           A(1) = 1
           A(0) = 6
```

5. LITERATUR

B r o n s t e i n - S e m a n d j a j e w : Taschenbuch der
Mathematik, Verlag Harri Deutsch, Frankfurt/Main

Berechnung der Nullstellen eines Polynoms

von Karl Achilles

1. AUFGABENSTELLUNG

Zu einem gegebenen Polynom $P_n(x) = \sum\limits_{i=1}^{n} a_i x^i$ $(n \in N)$ sollen alle

Nullstellen ohne Eingabe von Startwerten berechnet werden. Die
Ergebnisse sollen durch Einsetzen in den Polynomterm auf ihre
Genauigkeit überprüft werden (Probe).

2. BESCHREIBUNG DES LÖSUNGSWEGES

2.1

Zur Berechnung der Nullstellen wird eine direkte Methode benutzt, der sogenannte Quotienten-Differenzen-Algorithmus (Q-D-
Algorithmus), der auf H. Rutishauser (1954) zurückgeht. Die
Herleitung des Algorithmus ist mathematisch sehr aufwendig und
würde den Rahmen dieses Themas sprengen. Verwiesen sei hier
auf die Literatur (siehe 5.). Der Q-D-Algorithmus ist eine
Methode zur Konstruktion von n Zahlenfolgen $(q_k^{(\nu)})$, k=1,2,3,
..., n, die für wachsendes ν gegen die Nullstellen x_k von
$P_n(x)$ streben. Voraussetzung für die Konvergenz ist, daß alle
Nullstellen betraglich verschieden sind!
Neben den Folgen $(q_k^{(\nu)})$ werden noch Hilfsfolgen $(e_k^{(\nu)})$,
k=0,1,2, ..., n benötigt, welche unter den oben genannten Vor-
aussetzungen gegen Null konvergieren.
Vorbedingung für die Anwendbarkeit des Q-D-Algorithmus ist das
Nichtverschwinden sämtlicher Koeffizienten a_i des Polynoms.

2.1.1

Die Werte $q_k^{(1)}$, $e_k^{(1)}$, $e_o^{(\nu)}$ und $e_n^{(\nu)}$ werden wie folgt berechnet:

$$q_1^{(1)} = -\frac{a_{n-1}}{a_n}$$

$$q_2^{(1)} = q_3^{(1)} = \ldots = q_n^{(1)} = 0$$

$$e_k^{(1)} = \frac{a_{n-k-1}}{a_{n-k}} \qquad \text{(für } k = 1 \text{ bis } n-1\text{)}$$

$$e_o^{(\nu)} = e_n^{(\nu)} = 0 \qquad \text{(für alle } \nu\text{)}$$

2.1.2

Die Zahlenfolgen ergeben sich durch folgende Vorschriften:

$$q_k^{(\nu+1)} = q_k^{(\nu)} + e_k^{(\nu)} - e_{k-1}^{(\nu)} \qquad \text{(für } k=1 \text{ bis } n \text{ und alle } \nu > 0\text{)}$$

$$e_k^{(\nu+1)} = \frac{q_{k+1}^{(\nu+1)}}{q_k^{(\nu+1)}} \cdot e_k^{(\nu)} \qquad \text{(für } k=1 \text{ bis } n-1 \text{ und alle } \nu > 0\text{)}$$

Hinweis: Sind x_k betraglich verschiedene Nullstellen von $P_n(x)$, so gilt:

$$\lim_{\nu \to \infty} q_k^{(\nu)} = x_k \qquad \text{und} \qquad \lim_{\nu \to \infty} e_k^{(\nu)} = 0$$

2.2

Treten betragsgleiche Nullstellen auf $(|x_k| = |x_{k+1}|)$, so konvergieren die Folgen $(q_k^{(\nu)})$ und $(q_{k+1}^{(\nu)})$ für ein bestimmtes k nicht. Außerdem konvergiert auch die Folge $(e_k^{(\nu)})$ nicht gegen Null!

In diesem Fall streben die Lösungen der quadratischen Gleichung

$$x^2 - (q_k^{(\nu)} + q_{k+1}^{(\nu)}) \cdot x + q_{k+1}^{(\nu)} \cdot q_k^{(\nu-1)} = 0$$

für $\nu \to \infty$ gegen x_k und x_{k+1} . Folgende 3 Fälle sind möglich:

- $x_k = x_{k+1}$ (beide Nullstellen reell),

- $x_k = -x_{k+1}$ (beide Nullstellen reell),

-$x_k = a+ib$, $x_{k+1} = a-ib$, wobei a,b reell und $i^2 = -1$

                         (Nullstellen konjugiert komplex).

2.3

Bei 3 und mehr betragsgleichen Nullstellen <u>versagt</u> das Verfahren. Eine Möglichkeit der Lösung bestünde darin, betrags-
gleiche Lösungen abzuspalten. Im folgenden werden solche Fälle
jedoch nicht berücksichtigt.

2.4

Wegen der Gleichungen in 2.2.1 müssen <u>alle</u> Koeffizienten a_i
von $P_n(x)$ von Null verschieden sein. Ist diese Bedingung nicht
gewährleistet, so läßt sich das Polynom $P_n(x)$ mit Hilfe des
vollständigen HORNER-Schemas an einer geeignet gewählten Stelle $x_o \in R$ entwickeln (Bestimmung eines Ersatzpolynoms $P_n{}^*(z)$.
Es gilt dann:

$$P_n(x) = P_n{}^*(x-x_o) = P_n{}^*(z)$$

wobei alle Koeffizienten von $P_n{}^*(z)$ ungleich Null sein müssen.
Sind z_k die Nullstellen von $P_n{}^*(z)$, so lassen sich wegen
$z_k = x_k - x_o$ die Nullstellen x_k des ursprünglichen Polynoms
$P_n(x)$ durch die Beziehung $x_k = z_k + x_o$ berechnen.
Das Ersatzpolynom

$$P_n{}^*(x-x_o) = A_n(x-x_o)^n + A_{n-1}(x-x_o)^{n-1} + \ldots + A_1(x-x_o)+A_o$$

wird nach folgendem Verfahren bestimmt:

Vollständiges HORNER-Schema:

$$
\begin{array}{cccccc}
a_n & a_{n-1} & \cdots & a_2 & a_1 & a_o \\[4pt]
o & a_n' x_o & \cdots & a_3' x_o & a_2' x_o & a_1' x_o \\
\hline
a_n' & a_{n-1}' & \cdots & a_2' & a_1' & a_o' = A_o \\[4pt]
o & a_n'' x_o & \cdots & a_3'' x_o & a_2'' x_o & \\
\hline
a_n'' & a_{n-1}'' & \cdots & a_2'' & a_1'' = A_1 & \\[4pt]
o & \cdots & \cdots & & & \\
\hline
a_n''' & & & a_2''' = A_2 & & \\
\vdots & & & & & \\
o & & & & & \\
\hline
a_n^{(n)} & a_{n-1}^{(n)} = A_{n-1} & & & & \\[4pt]
o & & & & & \\
\hline
a_n^{(n+1)} = A_n & & & & &
\end{array}
$$

Anmerkungen

- die Koeffizienten a_i und die Stelle x_o sind vorgegeben,
- $a_n^{(j)}$ ist das "j-gestrichene" a_n,
- die $a_i^{(j)}$ erhält man durch Addition der beiden oberhalb von $a_i^{(j)}$ stehenden Zahlen,
- die A_i sind die Koeffizienten des Ersatzpolynoms.

Beispiel (HORNER-SCHEMA):

Gegeben sei $P_n(x) = 4x^2 - 1$.

Wähle $x_o = 2$

Dann ist

$P_n^*(x-2) = 4(x-2)^2 + 16(x-2) + 15$

(siehe Schema)

$$
\begin{array}{ccc}
4 & o & -1 \\
o & 8 & 16 \\
\hline
4 & 8 & 15 = A_o \\
o & 8 & \\
\hline
4 & 16 = A_1 & \\
o & & \\
\hline
4 = A_2 & &
\end{array}
$$

2.5

Das HORNER-Schema bietet außerdem noch den Vorteil der beque-
men Berechnung von Polynomfunktionswerten. Es gilt:
$P_n(x_0) = A_0$. Somit läßt sich die Güte einer näherungsweise
ermittelten Nullstelle ermitteln.

2.6

Will man komplexe Nullstellennäherungen hinsichtlich ihrer
Güte untersuchen, so geht man folgendermaßen vor:
$x = a+ib$ (a,b reell; $i^2 = -1$) sei ein komplexes Argument des
Polynoms $P_n(x)$.
Setzt man $\sqrt{a^2+b^2} = r$ und $\mathrm{arctg}(b/a) = \varphi$, dann gilt die Dar-
stellung

$$x = re^{i\varphi} \quad (e = \text{Eulersche Zahl})$$

bzw.

$$x = \sqrt{a^2+b^2} \cdot e^{i\cdot\mathrm{arctg}(b/a)},$$

wobei

$$e^{i\varphi} = \cos\varphi + i\cdot\sin\varphi .$$

Hieraus folgt:

$$x = \sqrt{a^2+b^2} \cdot (\cos(\mathrm{arctg}(b/a))+i\cdot\sin(\mathrm{arctg}(b/a))).$$

Wegen $x^k = r^k \cdot e^{ki\varphi}$ folgt daher für die k-te Potenz:

$$\boxed{x^k = (a^2+b^2)^{(k/2)} \cdot (\cos(k\cdot\mathrm{arctg}(b/a))+i\cdot\sin(k\cdot\mathrm{arctg}(b/a))).}$$

$P_n(x)$ läßt sich nun berechnen, indem man die Realteile und die
Imaginärteile von $a_k x^k$ getrennt aufsummiert:

$$\underline{\text{Realteil}}(P_n(x)) = \sum_{k=0}^{n} a_k (a^2+b^2)^{(k/2)} \cdot \cos(k\cdot\mathrm{arctg}(b/a))$$

$$\underline{\text{Imaginärteil}}(P_n(x)) = \sum_{k=0}^{n} a_k (a^2+b^2)^{(k/2)} \cdot \sin(k\cdot\mathrm{arctg}(b/a))$$

2.7 Flußdiagramm

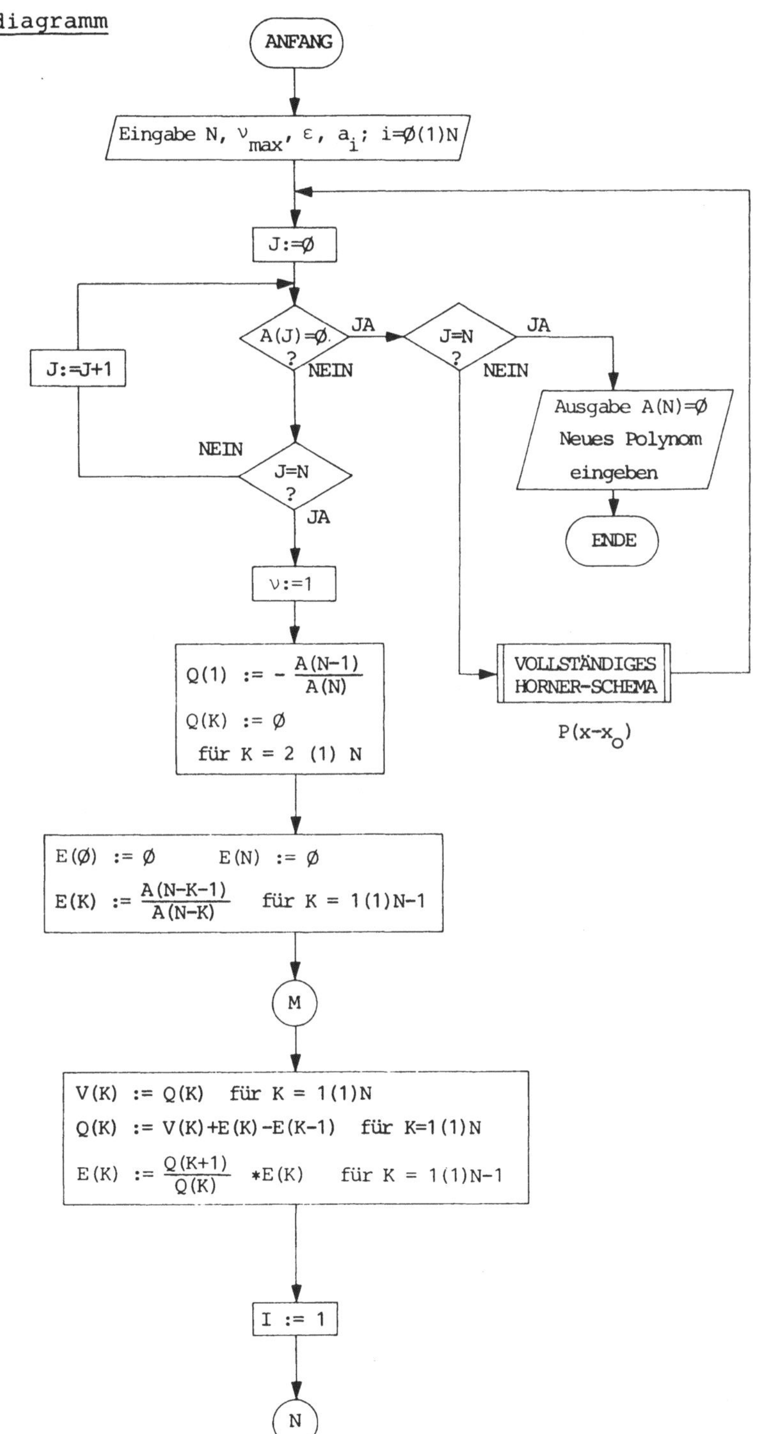

Fortsetzung (Flußdiagramm Q-D-Algorithmus)

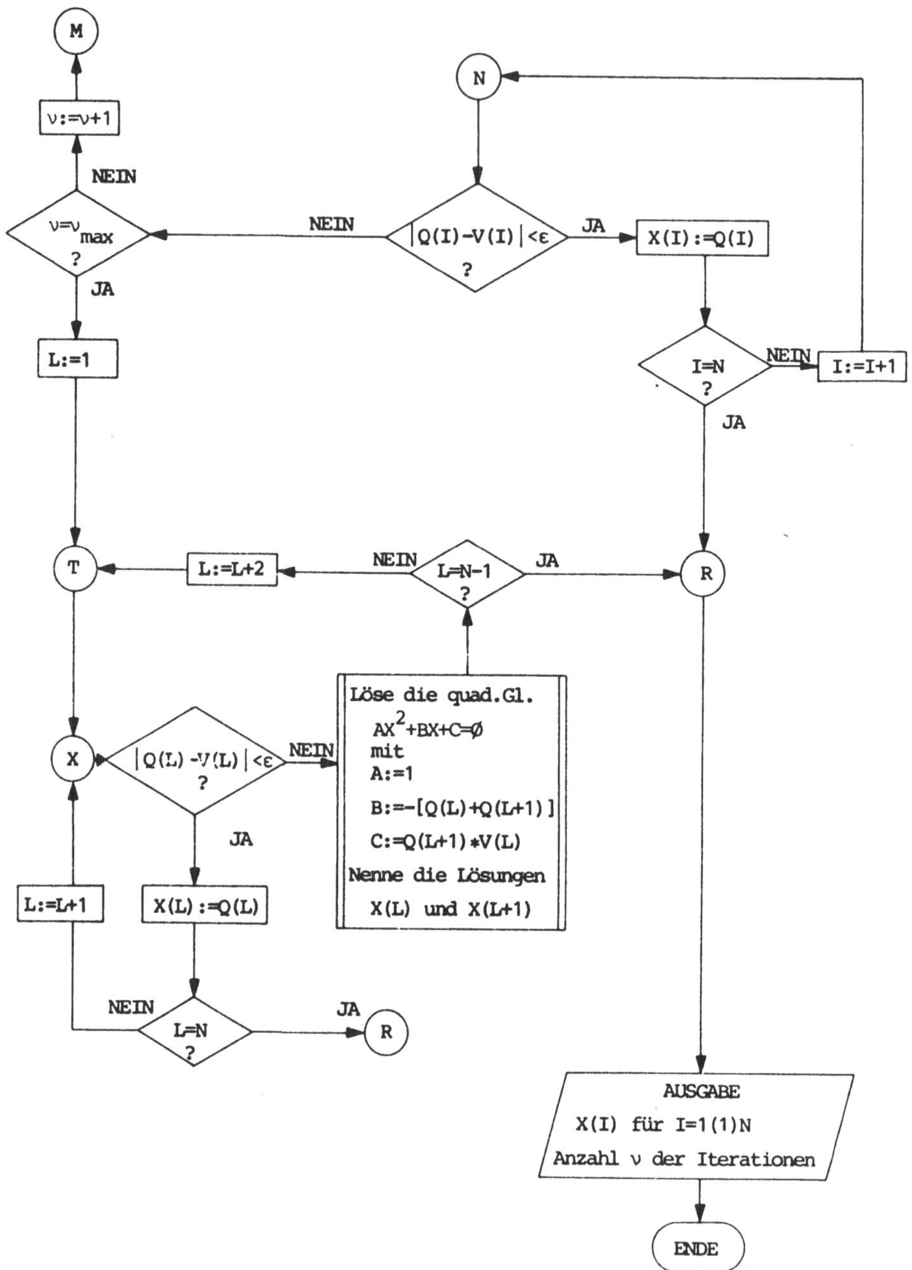

3. PROGRAMMBESCHREIBUNG

3.1

Das Programm gliedert sich in 7 Teile:

- Berechnung der q_k gemäß Q-D-Algorithmus
  (Zeilennummern 100 bis 670),
- Berechnung reeller und komplexer Funktionswerte des Poly-
  noms (Probe), (Zeilennummern 680 bis 770),
- Polynomdivision zur Erniedrigung des Polynomgrads; dies ist
  oft hilfreich bei mehrfachen betragsgleichen Nullstellen;
  (Zeilennummern 780 bis 870); dieses Programmsegment ist
  nicht im Flußdiagramm aufgeführt, weil es verzichtbar ist.
- Unterprogramm zur Berechnung komplexer Polynomwerte
  (Zeilennummern 1000 bis 1100),
- Unterprogramm zur Lösung einer quadratischen Gleichung
  (Zeilennummern 4000 bis 4130),
- Unterprogramm HORNER-Schema (Zeilen 5000 bis 5050),
- Unterprogramm NEWTON-Verfahren zur Konvergenzbeschleunigung
  bei der Nullstellenermittlung; nicht Bestandteil des Fluß-
  diagramms (Zeilen 6000 bis 6080).

3.2

Nach Start des Programms werden alle vom Bediener auszuführen-
den Tätigkeiten vom Computer erfragt.
Für die Maximalzahl der Iterationen gibt man zweckmäßigerweise
50 ein, für Epsilon 1E-10 oder 1E-7.

3.3 Programmlisting

```
READY.

100 PRINT"⊐":REM HAUPTPROGRAMM
110 PRINT"*********************"
120 PRINT"* Q-D-ALGORITHMUS *"
130 PRINT"*********************":PRINT:PRINT:PRINT
135 PRINT"DER Q-D-ALGORITHMUS ERMITTELT DIE NULLSTELLEN EINES POLYNOMS"
136 PRINT:PRINT
140 INPUT"DER GRAD N DES POLYNOMS IST";N:PRINT:PRINT
150 DIM A(N),E(N),Q(N),V(N),X(N),X$(N),FL$(N),IM(N),RE(N),HO(N)
160 INPUT"DIE MAXIMALZAHL NM DER ITERATIONEN SOLL SEIN";NM
170 INPUT"GEBEN SIE EPSILON AN";EP:PRINT:PRINT
175 PRINT"GEBEN SIE DIE KOEFFIZIENTEN A(I) DES POLYNOMS EIN":PRINT:PRINT
180 FOR I=0 TO N
190 PRINT"BITTE A("I") EINGEBEN"
200 PRINT"A("I") =",:INPUT A(I):HO(I)=A(I)
```

```
210 NEXT I:PRINT:PRINT:PRINT
220 PRINT"DIE NULLSTELLEN DES ENTSPRECHENDEN POLYNOMS WERDEN BERECHNET":PRINT
225 INPUT"WUENSCHEN SIE NEWTON-VERFAHREN ?   J/N ";N$
230 J=0
240 IF HO(J)<>0 THEN 310
250 IF J<>N THEN 280
260 PRINT"A(N)=0  BITTE ANDERES POLYNOM EINGEBEN"
270 END
280 PRINT:INPUT"BITTE GEBEN SIE X0 FUER DAS HORNER-SCHEMA EIN";X0
290 MH=N:X1=X0:HS$="V":GOSUB 5000: REM HORNER-SCHEMA
300 GOTO 230
310 IF J=N THEN 330
320 J=J+1:GOTO 240
330 NU=1:REM NU IST DIE ANZAHL DER ITERATIONEN
340 Q(1)=-HO(N-1)/HO(N)
350 FOR K=2 TO N:Q(K)=0:NEXT K
360 E(0)=0:E(N)=0
370 FOR K=1 TO N-1:E(K)=HO(N-K-1)/HO(N-K):NEXT K
380 FOR K=1 TO N:V(K)=Q(K):Q(K)=V(K)+E(K)-E(K-1):NEXT K
385 FOR K=1 TO N-1:IF Q(K)=0 THEN 280:NEXT K
390 FOR K=1 TO N-1:E(K)=Q(K+1)/Q(K)*E(K):NEXT K
400 I=1
410 IF ABS(Q(I)-V(I))<EP THEN 520
420 IF NU=NM THEN 440
430 NU=NU+1:GOTO 380
440 L=1
450 IF ABS(Q(L)-V(L))<EP THEN 500
455 IF L=N THEN 500
460 A=1:B=-(Q(L)+Q(L+1)):C=Q(L+1)*V(L)
470 GOSUB 4000:REM LOESE QUADR.GLEICHUNG
480 IF L=N-1 THEN 550
490 L=L+2:GOTO 450
500 X(L)=Q(L):IF L=N THEN 550
510 L=L+1:GOTO 450
520 X(I)=Q(I)
530 IF I=N THEN 550
540 I=I+1:GOTO 410
550 PRINT:PRINT:PRINT
560 PRINT"DIE NULLSTELLEN DES POLYNOMS SIND:"
570 PRINT"---------------------------------":PRINT
580 FOR F=1 TO N
590 IF FL$(F)="IM" THEN 630
600 IF HS$="V" THEN GOSUB 900
605 IF N$="J" THEN 610:GOTO 620
610 X0=X(F):GOSUB 6000:X(F)=X0
620 PRINT X(F):GOTO 640
630 PRINT X$(F)
640 NEXT F
650 PRINT:PRINT:PRINT"ES WAREN";NU;"ITERATIONEN"
660 PRINT:PRINT:PRINT"DURCH EINGABE VON -CONT- KOENNEN SIE DIE PROBE MACHEN"
670 END : REM ENDE HAUPTPROGRAMM
680 PRINT:PRINT:PRINT:PRINT
690 FOR J=1 TO N
700 IF FL$(J)="IM" THEN 740
710 MH=1:FOR K=0 TO N:HO(K)=A(K):NEXT K:X0=X(J)
720 GOSUB 5000:REM BERECHNUNG VON F(X(J)),FALLS X(J) REELL
730 PRINT"P("X(J)")=";HO(0):PRINT:GOTO 760
740 X=RE(J):Y=IM(J):GOSUB 1000
750 PRINT"P("X"+I*"Y")="RE"+I*"IM:PRINT
760 NEXT J
765 PRINT:PRINT:PRINT
766 PRINT"WUENSCHEN SIE POLYNOMDIVISION ? --- GEBEN SIE -CONT- EIN"
770 END : REM ENDE PROBE
780 PRINT:PRINT:PRINT: REM POLYNOMDIVISION
785 IF N>2 THEN 790
786 PRINT"POLYNOMDIVISION NICHT MOEGLICH,DA GRAD DES POLYNOMS ZU KLEIN":END
790 FOR J=0 TO N:HO(J)=A(J):NEXT J:MH=1:J=0
795 INPUT"MOECHTEN SIE X(J) SELBER EINGEBEN ? J/N";P$
796 IF P$="J" THEN 798
797 GOTO 800
798 INPUT"GEBEN SIE J UND X(J) AN";J,X(J):PRINT:GOTO 810
800 J=J+1:IF J>N THEN 780:IF FL$(J)="IM" THEN 800
```

```
310 PRINT"DAS URSPRUENGLICHE POLYNOM WIRD DURCH X-"X(J)"DIVIDIERT":PRINT
320 X0=X(J):GOSUB 5000
330 N=N-1
340 FOR J=0 TO N:A(J)=H0(J+1):H0(J)=A(J):NEXT J
350 FOR J=1 TO N:FL$(J)="REELL":NEXT J:HS$="NEU"
360 GOTO 230
370 END: REM ENDE POLYNOMDIVISION
900 REM UNTERPROGRAMM RUECKSUBSTITUTION
910 FOR E=0 TO N:H0(E)=A(E):NEXT E
920 X(F)=X(F)+X1
930 RETURN : REM ENDE RUECKSUBSTITUTION
1000 REM UNTERPROGRAMM ZUR BERECHNUNG VON KOMPLEXEN POLYNOMWERTEN
1010 RE=A(0):IM=0
1020 R=SQR(X*X+Y*Y)
1030 IF X>0 THEN PHI=ATN(Y/X)
1035 IF X<0 THEN PHI=π+ATN(Y/X)
1040 IF X=0 AND Y>0 THEN PHI=π/2
1050 IF X=0 AND Y<0 THEN PHI=π*1.5
1060 FOR KO=1 TO N
1070 RE=RE+A(KO)*R↑KO*COS(KO*PHI)
1080 IM=IM+A(KO)*R↑KO*SIN(KO*PHI)
1090 NEXT KO
1100 RETURN : REM ENDE KOMPL. POLYNOMWERTE
4000 REM UNTERPROGRAMM ZUR LOESUNG EINER QUADRATISCHEN GLEICHUNG
4010 D=B*B-4*A*C
4020 IF ABS(D)>=1E-20 THEN 4040
4030 X(L)=-B/2/A:X(L+1)=X(L):GOTO 4130
4040 W=SQR(ABS(D))
4050 IF D<0 THEN 4070
4060 X(L)=(W-B)/2/A:X(L+1)=(W+B)/(-2*A):GOTO 4130
4070 IM(L)=W/2/A:RE(L)=-B/2/A:RE(L+1)=RE(L):IM(L+1)=-IM(L)
4080 FL$(L)="IM":FL$(L+1)="IM"
4090 IF HS$="V" THEN 4095:GOTO 4100
4095 RE(L)=RE(L)+X1:RE(L+1)=RE(L)
4100 A$=STR$(RE(L)):B$=STR$(IM(L))
4110 X$(L)=A$+"+I*"+B$
4120 X$(L+1)=A$+"-I*"+B$
4130 RETURN: REM ENDE QUADR. GLEICHUNG
5000 REM UNTERPROGRAMM HORNER-SCHEMA. EINGABE X0,MH,H0(I)=A(I)
5010 FOR K=1 TO MH
5020 FOR I=N TO K STEP -1
5030 H0(I-1)=X0*H0(I)+H0(I-1)
5040 NEXT I:NEXT K
5050 RETURN: REM ENDE HORNER-SCHEMA
6000 REM UNTERPROGRAMM NEWTON-VERFAHREN
6010 FOR E=1 TO 20
6020 FOR S=0 TO N:H0(S)=A(S):NEXT S
6030 MH=2:GOSUB 5000
6040 PN=H0(0):PS=H0(1)
6050 IF PN=0 OR PS=0 THEN 6080
6060 X0=X0-PN/PS
6070 NEXT E
6080 RETURN: REM ENDE NEWTON-VERFAHREN
READY.
```

4. ANWENDUNGSBEISPIELE

4.1 Polynome mit exakten Nullstellen

4.1.1

$$P_3(x) = x^3+x^2-2x$$

Nullstellen   -2   O   1

4.1.2

$$P_4(x) = x^4 + 3x^3 + x^2 + 3x$$

Nullstellen   -3   O   i   -i

4.1.3

$$P_9(x) = x^9 + 5x^8 - 130x^7 - 550x^6 + 5273x^5 + 17765x^4 - 74120x^3$$
$$- 178500x^2 + 270576x + 362880$$

Nullstellen   -1   2   -3   4   -5   6   -7   8   -9

4.2 Bemerkungen

In den Beispielen 4.1.1 bzw. 4.1.2 ist jeweils $a_O = O$. Daher
müssen zunächst die entsprechenden Polynome an einer geeigne-
ten Stelle entwickelt werden. Man kann beide Polynome bei-
spielsweise an der Stelle $x_O = 2$ entwickeln (siehe 4.3).

4.3 Programmabläufe

Zu 4.1.1

```
EINGABEN      Grad N          = 3
              Maximalzahl
              d.Iterationen   = 50
              Epsilon         = 1E-10
              A(O)            = O
              A(1)            = -2
              A(2)            = 1
              A(3)            = 1
              Newton-Verf.     J (= JA)
              Stelle XO       = 2

AUSGABE       Die Nullstellen sind
              -2
              O
              1
              Es waren 33 Iterationen

EINGABE       CONT  (Probe)

AUSGABE       P(-2)  =  O
              P(O)   =  O
              P(1)   =  O
```

<u>Anmerkung:</u>

Die abschließende Frage 'WUENSCHEN SIE POLYNOMDIVISION' wird nicht beantwortet, da die ermittelten Nullstellennäherungen schon hinreichend genau sind!

Zu 4.1.2

EINGABEN	Grad N	= 4
	Maximalzahl d.Iterationen	= 200
	Epsilon	= 1E-10
	A(O)	= O
	A(1)	= 3
	A(2)	= 1
	A(3)	= 3
	A(4)	= 1
	Newton-Verf.	J (= JA)
	Stelle XO	= 2

AUSGABE   Die Nullstellen sind
           -3
           -1.35... E-O7 + I * .999990338
           -1.35... E-O7 - I * .999...
           O
           Es waren 200 Iterationen

EINGABE   CONT (Probe)

AUSGABE   P(-3)   = O
           P(-1.35...E-O7 + I * ..)= -1.85...E-O5 +
                                      I * 5.81...E-O5
           P(-1.35...E-O7 - I ...)=   (siehe oben)
           P(O)   = O

<u>Anmerkung:</u>

Durch Eingabe von CONT läßt sich mit der Polynomdivision keine wesentliche Verbesserung erreichen! Besser: Anzahl der Iterationen erhöhen.

Zu 4.1.3

```
EINGABEN    Grad N            = 9
            Maximalzahl
            d.Iterationen     = 200
            Epsilon           = 1E-10
            A(0)              = 362880
            A(1)              = 270576
            A(2)              = -178500
            A(3)              = -74120
            A(4)              = 17765
            A(5)              = 5273
            A(6)              = -550
            A(7)              = -130
            A(8)              = 5
            A(9)              = 1
            Newton-Verf.      J (= JA)

AUSGABE     Die Nullstellen sind
            -9
             8
            -7.00000003
             6
            -5
             4
            -3
             2
            -1
            Es waren 193 Iterationen
```

Anmerkung:

Bei der anschließenden Probe (CONT eingeben) liegen die Funktionswerte zwischen Null und 0.018.

5. LITERATURVERZEICHNIS

(1) G. J o r d a n - E n g e l n / F. R e u t t e r: Numeri-
    sche Mathematik für Ingenieure, BI, Mannheim 1972

(2) R u t i s h a u s e r , H.: Der Quotienten-Differenzen-
    Algorithmus, Mitteilungen aus dem Institut für Angewandte
    Mathematik der ETH Zürich, Nr. 7, Basel 1957, S. 5-74

(3) S t i e f e l , E.: Einführung in die numerische Mathema-
    tik, Stuttgart 1970

Polynomdivision

von Achim Stößer

VORBEMERKUNG

Polynom heißt die Summe aus mindestens zwei Gliedern, in denen
neben Koeffizienten (Zahlen) mindestens eine Variable x (, y,
z...) auftritt. Bei Polynomen mit einer Variablen ist der
größte auftretende Exponent der Variablen der <u>Grad des Polynoms</u>.
Polynome sind einfache Funktionen.

1. POLYNOMDIVISION

Häufig ist es notwendig, zwei Polynome durcheinander zu divi-
dieren (z.B. zur Bestimmung der Nullstellen einer Funktion).
Wie das geschieht, läßt sich am besten an einem <u>Beispiel</u>[*] er-
läutern:

$$
\begin{array}{llll}
\text{Dividend} & \text{Divisor} & \text{Quotient} & \text{Rest} \\
(2x^3-3x^2+x+3) = (x-3) \cdot & (2x^2+3x+10) & + & 33 \\
\underline{-(2x^3-6x^2)} \\
\quad 3x^2+x+3 \\
\quad \underline{-(3x^2-9x)} \\
\qquad 10x+3 \\
\qquad \underline{-(10x-30)} \\
\qquad \text{Rest } 33
\end{array}
$$

Zunächst wird der Summand höchsten Grades des Dividenden durch
den Summanden höchsten Grades des Divisors geteilt ($2x^3 : x$).
Das Ergebnis ($2x^2$) ist ein Teil des Quotienten. Nun wird das
Produkt dieses Ergebnisses und des Divisors (also $2x^2 \cdot (x-3) =$

---

[*] Die Beispiele 1 bis 4 sind dem Buch: Themenhefte Mathematik,
Analysis I, <u>Lambacher-Schweizer</u>, Klett-Verlag, entnommen.

$= 2x^3-6x^2$) vom Dividenden subtrahiert (also $(2x^3-3x^2+x+3)$ -
$-(2x^3-6x^2) = 3x^2+x+3$). Mit dieser Differenz als Dividend wird
das Verfahren so lange wiederholt, bis der Grad des Dividenden
kleiner als der Grad des Divisors ist, die Division also nicht
weiter durchgeführt werden kann.

2. DAS HORNER-SCHEMA[**])

Das Horner-Schema dient dazu, das Berechnen von Funktionswer-
ten ganzrationaler Funktionen zu erleichtern.

Hinführendes Beispiel:

Um Funktionswerte von $f(x) = 2x^3+4x^2+5x+7$ zu berechnen, muß
man sechs Multiplikationen und drei Additionen ($f(x) = 2 \cdot x \cdot x \cdot x$
$+4 \cdot x \cdot x+5 \cdot x+7$) ausführen. Formt man den Term äquivalent um
($f(x) = ((2x+4)x+5)x+7$), wird die Zahl der durchzuführenden
Operationen auf drei Multiplikationen und drei Additionen reduziert. $f(x_1)$ für $x_1=5$ wird folgendermaßen berechnet:

```
 2 · 5 →   10
+4     →   14
   · 5 →   70
+5     →   75
   · 5 →  375
+7     →  382
```

oder, in einem anderen Schema dargestellt:

```
Koeffizienten des Polynoms        2|    4|    5|    7
plus                              +    +    +    +
Zwischenwerte (·), beginnend mit 0| 0|↑·5=10|↑·5=70|↑·5=375
                              [x=5] |=2⌋  =14⌋  =75⌋ [=382 = f(5)]
```

oder in vereinfachter Darstellung (dem Horner-Schema):

```
       2    4    5     7
       0   10   70   375
      ─────────────────────
 [5]   2   14   75   [382]
```

[**]) William George Horner, 1786-1837

3. POLYNOMDIVISION MIT DEM HORNER-SCHEMA

Ein weiteres Beispiel zur Berechnung eines Funktionswertes mit dem Horner-Schema: Für $f(x) = 2x^3-3x^2+x+3$ ist $f(3)$ zu bestimmen:

```
   1. Schritt    2. Schritt    3. Schritt     4. Schritt
  2 -3 1 3 |    2 -3 1 3 |    2 -3 1 3  |    2 -3  1  3
  O        |    O  6     |    O  6 9    |    O  6  9 30
 ┌─┐            ┌─┐           ┌─┐            ┌─┐           ┌──┐
 │3│ 2          │3│2 3        │3│2  3 10     │3│2  3 10   │33│ = f(3)
 └─┘            └─┘           └─┘            └─┘           └──┘
```

Vergleicht man die Koeffizienten im 4. Schritt mit denen im ersten Beispiel, erkennt man eine Übereinstimmung, d.h.:

Bei der Darstellung eines Polynoms $f(x)$ in der Form $f(x) =$
$= (x-x_0)\cdot g(x)+r$ liefert das Horner-Schema (für $f(x_0)$) die Koeffizienten von $g(x)$ und die Zahl $r = f(x_0)$ ***)

<u>Beispiel</u>
In der Funktion $f(x) = 2x^3+x^2-5x+2$ sei die Nullstelle $x_0=1$ bekannt. Die restlichen Nullstellen sind gesucht.

<u>Lösung:</u>

```
   2   1  -5    2
   O   2   3   -2
 ┌─┐
 │1│ 2   3   -2   ┌─┐
 └─┘             │O│ = f(1), also f(x) = (x-1)·(2x²+3x-2)+0
                 └─┘
```

Die weiteren Nullstellen sind nun leicht durch Lösen der quadratischen Gleichung $2x^2+3x-2$ zu bestimmen:

$$x_{1/2} = \frac{-3\pm\sqrt{9+16}}{4} = -\frac{3}{4} \pm \frac{5}{4} \; ; \quad x_1 = \frac{1}{2} \; ; \quad x_2 = -2$$

Die Nullstellen der Funktion $f(x)$ sind also $\{-2;\frac{1}{2};1\}$.

4. DAS PROGRAMM

Das Programm kann in fünf Teile gegliedert werden:
- Programmkopf (Zeile 10 - 70)
- Input (Zeile 80 - 270)
- Output (Zeile 530 - 690)
- Polynomdivision (Zeile 280 - 520)
- Polynomdivision mit dem Horner-Schema (Zeile 710-810)

***) a.a.O.

a) Programmkopf

Die maximale Länge der Vektorvariablen I, T und O wird vereinbart. Alle Felder in O werden mit $\emptyset$ (Null) definiert. "Polynomdivision ---..." wird ausgedruckt.

b) Input

i (Grad des Dividenden) und t (Grad des Devisors) werden eingegeben. Die Koeffizienten des Dividenden und des Divisors werden zunächst in O (Vektor) abgespeichert, dann werden sie den Vektorvariablen I bzw. T zugeordnet (17$\emptyset$ MAT I=O; 25$\emptyset$ MAT T=O). Die IF...THEN-Anweisung in Zeile 270 entscheidet, ob das Ergebnis mit Teil d (der normalen Polynomdivision) berechnet werden muß, oder ob Teil e (PND mit dem Horner-Schema) verwendet werden kann. Wie man sieht, ist die Horner-Methode auch im Programm kürzer.

c) Output

Dieses Unterprogramm wandelt die Koeffizienten in der Vektorvariablen O für die Ausgabe in Polynome um. Beispiel:

Polynom	$-3x^3+x^2-1$
O	-3; 1; 0; 1
Ausdruck	-3x↑3+1x↑2-1

Der Befehl RETURN (Zeile 690) veranlaßt den Unterprogrammrücksprung.

d) Polynomdivision

Zunächst wird der Divisorgrad möglichst weit zurückgesetzt (Zeile 290 - 310). Ist die Berechnung beendet (i<t), wird der Quotient ausgedruckt (Zeile 320 ff), und das Ergebnis wird nach einem Rest untersucht, der, falls vorhanden, ebenfalls ausgegeben wird (Zeile 350 - 440). Ist i≥t, werden die Koeffizienten des Quotienten berechnet (Zeile 450 - 520).

e) Polynomdivision mit dem Horner-Schema

Die Berechnung erfolgt, wie in Abschnitt 2 und 3 erläutert.

5. PROGRAMMLISTING

```
10 REM%%%%%%%%%%%%%%%%%%%%%%%%%%%%%%%%%%%%%%%%%%%%%%%%%%%%%%%%%%%%%%%%%%%%
20 REM "Polynomdivision" by Achim Stoesser * 0017 * 090981 **********************
30 REM%%%%%%%%%%%%%%%%%%%%%%%%%%%%%%%%%%%%%%%%%%%%%%%%%%%%%%%%%%%%%%%%%%%%
40 DIM I[21],T[21],O[21]
50 MAT O=ZER
60 WRITE (15,70)
70 FORMAT /,"Polynomdivision ",64"-",/
80 REM *********************************************************** Input
90 DISP "GRAD I; T ";
100 INPUT I,T
110 FOR N=I TO 0 STEP -1
120 DISP " I ("N") =";
130 INPUT O[N+1]
140 NEXT N
150 PRINT "Dividend: ";
160 GOSUB 540
170 MAT I=O
180 MAT O=ZER
190 FOR N=T TO 0 STEP -1
200 DISP " T ("N") =";
210 INPUT O[N+1]
220 NEXT N
230 PRINT "Divisor:  ";
240 GOSUB 540
250 MAT T=O
260 MAT O=ZER
270 IF T=1 AND T[2]=1 THEN 710
280 REM ***************************************** Divisorgrad pruefen
290 FOR I=I TO T STEP -1
300 IF I[I+1] THEN 460
310 NEXT I
320 REM ********************************************** Ergebnis
330 PRINT "Quotient: ";
340 GOSUB 540
350 REM ********************************************** Rest?
360 FOR I=0 TO 20
370 IF I[1] THEN 400
380 NEXT I
390 GOTO 50
400 PRINT "Rest:      ";
410 MAT O=I
420 GOSUB 540
430 PRINT
440 GOTO 50
450 REM ******************************************** Berechnungen
460 C=I-T+1
470 Z=I[I+1]/T[T+1]
480 O[C]=O[C]+Z
490 FOR N=0 TO T
500 I[C+N]=I[C+N]-Z*T[N+1]
510 NEXT N
520 GOTO 290
530 REM ********************************************* Output
540 FOR N=21 TO 1 STEP -1
550 IF O[N]=0 THEN 670
560 IF O[N]>0 THEN 590
570 PRINT "-";
580 GOTO 600
590 PRINT "+";
600 IF N<3 THEN 630
610 PRINT ABS O[N]"x ↑"N-1;
620 GOTO 670
630 IF N=1 THEN 660
640 PRINT ABS O[N]"x ";
650 GOTO 670
660 PRINT ABS O[N];
670 NEXT N
680 PRINT
690 RETURN
700 REM ***************************************** FND mit dem Horner-Schema
710 X0=-T[1]
720 O[I]=I[I+1]
730 FOR N=I-1 TO 1 STEP -1
740 O[N]=O[N+1]*X0+I[N+1]
750 NEXT N
760 R=O[1]*X0+I[1]
770 PRINT "Quotient: ";
780 GOSUB 540
790 IF R=0 THEN 50
800 PRINT "Rest:     "R
810 GOTO 50
820 END
```

6. DIE VARIABLENLISTE

```
I[ ]    40     170    300    370    410    470    500    500    720    740    760

T[ ]    40     250    270    470    500    710

O[ ]    40     50     130    170    180    210    250    260    410    480    480
        550    560    610    640    660    720    740    740    760

I       100    110    290    290    300    310    360    380    460    470    720
        720    730

T       100    190    270    290    460    470    490

N       110    120    130    140    190    200    210    220    490    500    500
        500    510    540    550    560    600    610    610    630    640    660
        670    730    740    740    740    750

C       460    480    480    500    500

Z       470    480    500

X0      710    740    760

R       760    790    800
```

7. PROGRAMMABLAUFPLÄNE

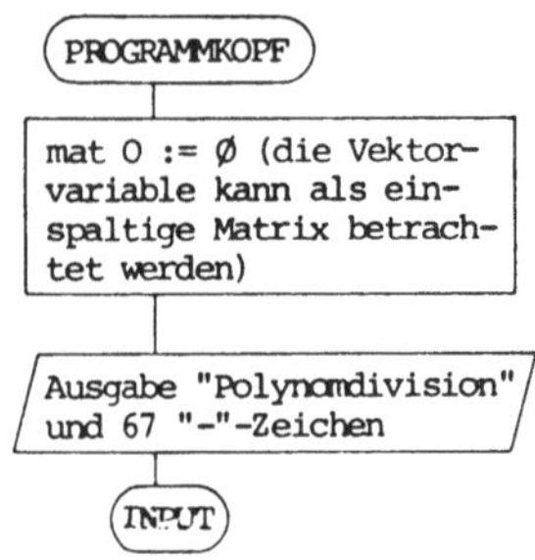

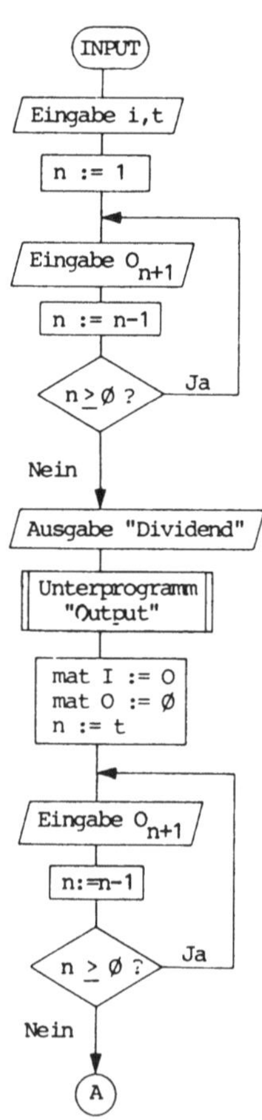

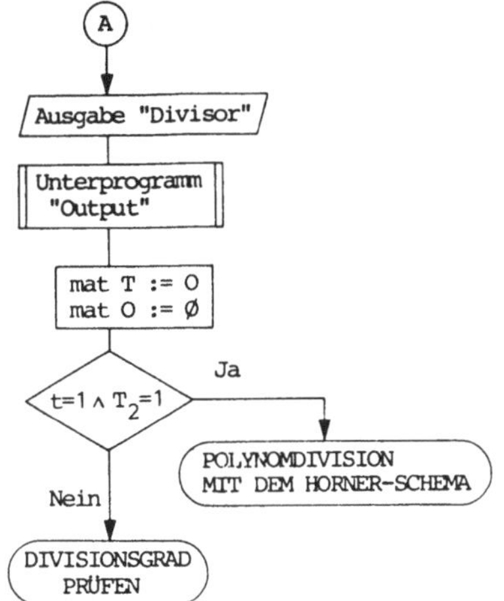
A
Ausgabe "Divisor"
Unterprogramm "Output"
mat T := O
mat O := $\emptyset$
t=1 $\wedge$ T$_2$=1
Ja
Nein
POLYNOMDIVISION MIT DEM HORNER-SCHEMA
DIVISIONSGRAD PRÜFEN

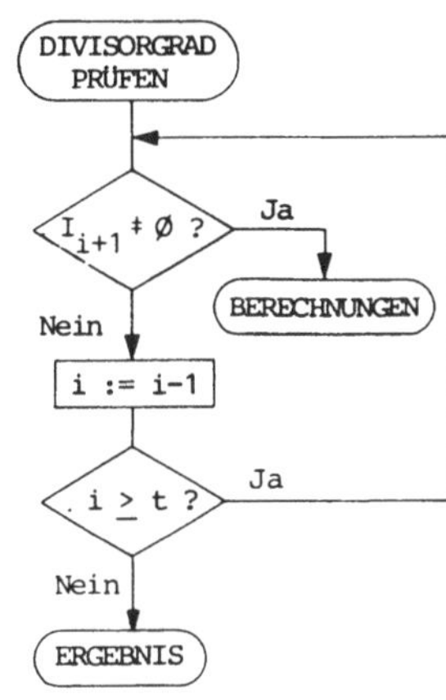
DIVISORGRAD PRÜFEN
I$_{i+1}$ $\neq$ $\emptyset$?
Ja
Nein
BERECHNUNGEN
i := i-1
i $\geq$ t ?
Ja
Nein
ERGEBNIS

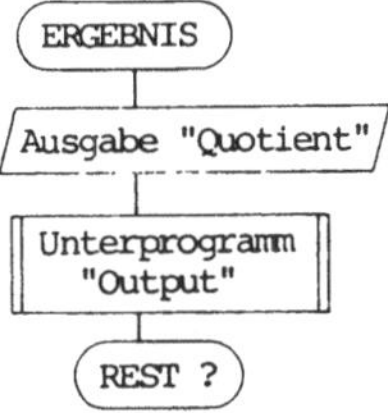
ERGEBNIS
Ausgabe "Quotient"
Unterprogramm "Output"
REST ?

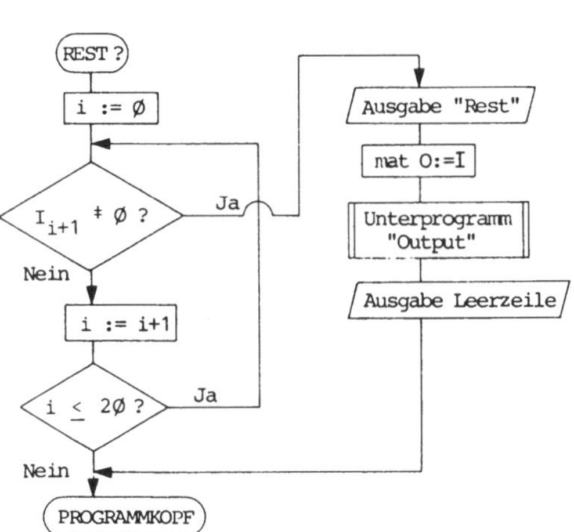
REST ?
i := $\emptyset$
I$_{i+1}$ $\neq$ $\emptyset$?
Ja
Nein
i := i+1
i $\leq$ 2$\emptyset$?
Ja
Nein
Ausgabe "Rest"
mat O:=I
Unterprogramm "Output"
Ausgabe Leerzeile
PROGRAMMKOPF

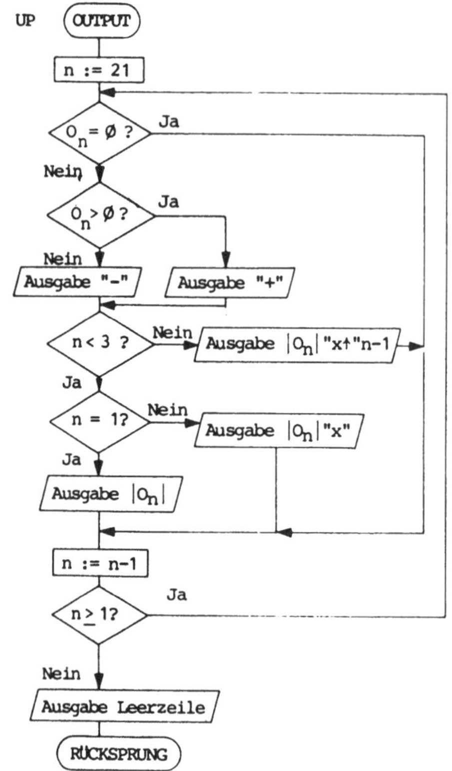

UP   OUTPUT
n := 21
$O_n = \emptyset$?
Ja
Nein
$O_n > \emptyset$?
Ja
Nein
Ausgabe "-"
Ausgabe "+"
n < 3 ?
Nein
Ausgabe $|O_n|$ "x↑"n-1
Ja
n = 1?
Nein
Ausgabe $|O_n|$ "x"
Ja
Ausgabe $|O_n|$
n := n-1
$n \geq 1$?
Ja
Nein
Ausgabe Leerzeile
RÜCKSPRUNG

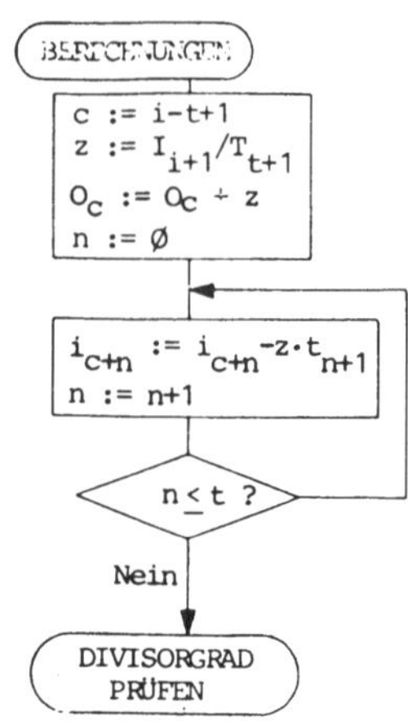

BERECHNUNGEN
c := i-t+1
$z := I_{i+1}/T_{t+1}$
$O_c := O_c \div z$
n := $\emptyset$
$i_{c+n} := i_{c+n} -z \cdot t_{n+1}$
n := n+1
$n \leq t$?
Nein
DIVISORGRAD
PRÜFEN

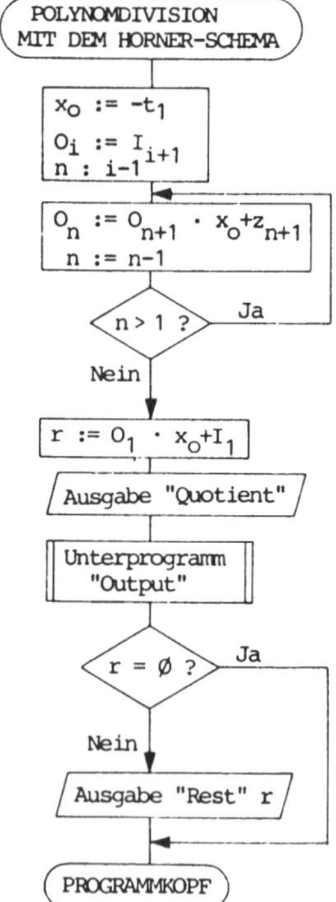

POLYNOMDIVISION
MIT DEM HORNER-SCHEMA
$x_0 := -t_1$
$O_i := I_{i+1}$
n : i-1
$O_n := O_{n+1} \cdot x_0 +z_{n+1}$
n := n-1
n > 1 ?
Ja
Nein
$r := O_1 \cdot x_0 +I_1$
Ausgabe "Quotient"
Unterprogramm "Output"
$r = \emptyset$?
Ja
Nein
Ausgabe "Rest" r
PROGRAMMKOPF

8. PROGRAMMBEISPIELE

a) (Wird mit dem Horner-Schema berechnet)

```
         5   -7    2   -1    5   -4
         O    5   -2    O   -1    4
    |1|  5   -2    O   -1    4   |O|
```

```
Polynomdivision -------------------------------------------------------

Dividend:  + 5     x ↑ 5    - 7    x ↑ 4    + 2    x ↑ 3    - 1    x ↑ 2
+ 5    x - 4
Divisor:   + 1     x - 1
Quotient:  + 5     x ↑ 4    - 2    x ↑ 3    - 1    x + 4
```

b) $3x^3-2x^2-x = (x^3+2x+5)\cdot(3) + (-2x^2-7x-15)$

$$\frac{-(3x^3+6x+15)}{(\text{Rest})\ -2x^2-7x-15}$$

```
Polynomdivision -------------------------------------------------------

Dividend:  + 3     x ↑ 3    - 2    x ↑ 2    - 1    x
Divisor:   + 1     x ↑ 3    + 2    x + 5
Quotient:  + 3
Rest:      - 2     x ↑ 2    - 7    x - 15
```

c) $125 = 5\cdot 25$

$$\frac{-(125)}{O}$$

```
Polynomdivision -------------------------------------------------------

Dividend:  + 125
Divisor:   + 5
Quotient:  + 25
```

d) $5x^5+x-1 = (x^2+1)\cdot(5x^3-5x) + (6x-1)$

$$\frac{-(5x^5+5x^3)}{-5x^3+x-1}$$

$$\frac{-(-5x^3-5x)}{(\text{Rest})\ 6x-1}$$

```
Polynomdivision -------------------------------------------------------

Dividend:  + 5     x ↑ 5    + 1    x - 1
Divisor:   + 1     x ↑ 2    + 1
Quotient:  + 5     x ↑ 3    - 5    x
Rest:      + 6     x - 1
```

e)   12 = (5x+1) · (0) + 12

    -(0)

(Rest) 12

```
Polynomdivision ------------------------------------------------------

Dividend:  + 12
Divisor:   + 5     x + 1
Quotient:
Rest:      + 12
```

Magisches Quadrat
von Achim Stößer

Ein Magisches Quadrat ist ein schachbrettartig in n Spalten
und n Zeilen (d.h. n^2 Felder) geteiltes Quadrat, das mit den
Zahlen 1; 2; 3...n^2 (bzw. 0; 1; 2...n^2-1) so besetzt ist, daß
die Summe Σ jeder waagrechten und senkrechten Reihe sowie der
beiden Diagonalen immer gleich ist. Die Summe Σ läßt sich nach
folgender Formel berechnen:

$$\Sigma = (n^2+1)\frac{n}{2} = \frac{n^3+n}{2} \quad \text{(für die Zahlen 1; 2; 3...}n^2)$$

bzw.

$$\Sigma = (n^2-1)\frac{n}{2} = \frac{n^3-n}{2} \quad \text{(für die Zahlen 0; 1; 2...}n^2-1).$$

(Im folgenden wird, wenn nicht anders erwähnt, das Magische
Quadrat für die Zahlen 1; 2; 3...n^2 besprochen.)
Das einfachste Magische Quadrat für die Zahlen 1 bis 9 ist
zweieinhalb Jahrtausende alt und stammt aus China:

8	1	6
3	5	7
4	9	2

$\Sigma = 15$

Es entspricht dem Magischen Quadrat für die Zahlen 0 bis 8:

7	0	5
2	4	6
3	8	1

$\Sigma = 15-n = 15-3 = 12$

Im Mittelalter wurde dem sogenannten "Hexeneinmaleins" Zauber-
kraft zugeschrieben.

Das älteste 16-zellige Magische Quadrat schuf A. Dürer (1514):

1	14	15	4
12	7	6	9
8	11	10	5
13	2	3	16

$\Sigma = 34$

Ein beliebig großes Magisches Quadrat läßt sich leicht her-
stellen, wenn die Anzahl der Zeilen und Spalten ungerade ist.
Man schreibt in das mittlere Feld der obersten Zeile eine 1,
dann der Reihe nach alle Zahlen von 2 bis n^2, wobei die Zahl
i+1 jeweils im Feld rechts oben von i steht, es sei denn

- a) i ist durch n teilbar - dann steht i+1 direkt im Feld
     unter i;
- b) i+1 würde oberhalb des Quadrats liegen - dann steht i+1
     in der Spalte rechts von i und in der untersten Zeile;
- c) i+1 würde rechts vom Quadrat liegen - dann steht i+1 in
     der Zeile über i und in der ersten Spalte

Beispiel für n = 3:

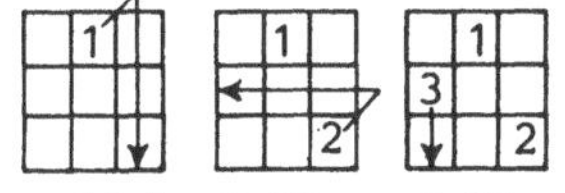 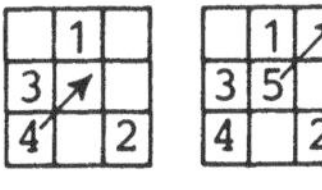 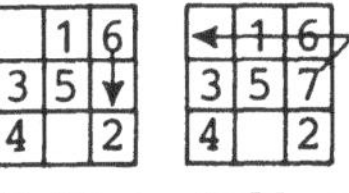 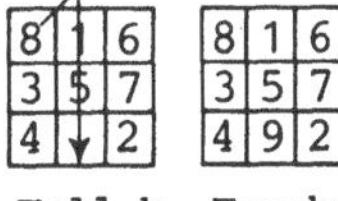

Fall b   Fall c   Fall a   Fall a   Fall c   Fall b   Ergebnis

Das Programm

- Die Berechnung des Quadrats erfolgt in den Zeilen 180 - 310
  nach dem Schema des Flußdiagramms.
- Die Ausgabe in den Zeilen 320 - 530 ist deshalb so kompli-
  ziert - eigentlich würde der Befehl MAT PRINT Q genügen! -,
  weil die Seitenlänge der Matrix 15 überschreiten kann: Bei
  der normalen Ausgabe würde die Matrix zeilenweise ausgegeben werden, so aber kann man die einzelnen Blätter einfach
  nebeneinanderlegen.
- Es ist wenig sinnvoll, ein größeres Quadrat jedesmal neu berechnen zu lassen. Nach der Ausgabe kann man es auf Kassette
  überspielen, indem man einfach die Datei eingibt (soll nicht
  überspielt werden, eine negative Zahl eingeben), das Programm markiert (Zeile 570) und überspielt (Zeile 580) die
  Daten von selbst. Die Daten können jederzeit durch Eingabe
  der entsprechenden Datei (Zeile 130 - 170) eingelesen werden.

Flußdiagramm

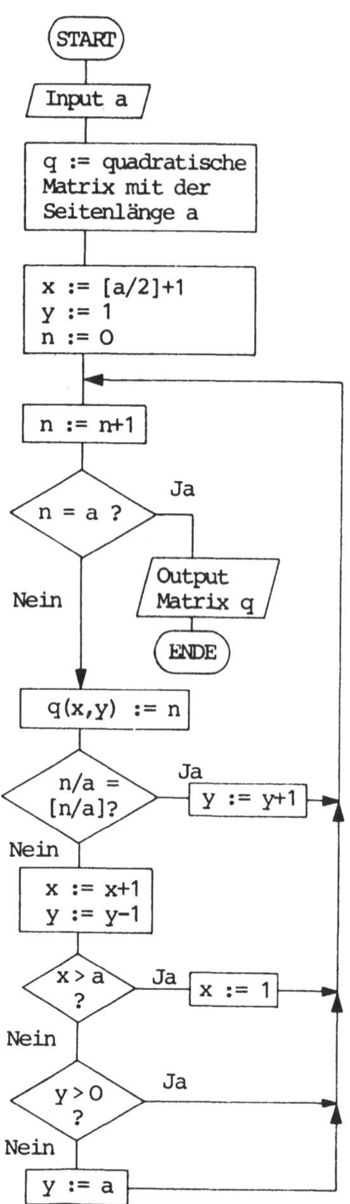

```
10 REM %%%%%%%%%%%%%%%%%%%%%%%%%%%%%%%%%%%%%%%%%%%%%%%%%%%%%%%%%%%%%%%%%%%%
20 REM "Magisches Quadrat" by Achim Stoesser * 0017 * 1980/81 **********
30 REM %%%%%%%%%%%%%%%%%%%%%%%%%%%%%%%%%%%%%%%%%%%%%%%%%%%%%%%%%%%%%%%%%%%%
40 DIM Q[49,49]
50 PRINT " M A G I S C H E S   Q U A D R A T"
60 PRINT
70 DISP "MAGISCHES QUADRAT";
80 INPUT A
90 IF A/2=INT(A/2) OR A<1 OR A>49 OR A#INTA THEN 70
100 WRITE (15,110)"Von 1 bis"A↑2" ; Seitenlaenge"A" ; Summe"(A↑3+A)/2
110 FORMAT /,F5.0,F3.0,F6.0
120 MAT Q=ZER[A,A]

130 DISP "DATEI";
140 INPUT D
150 IF D<0 THEN 180
160 LOAD  DATA D,Q
170 GOTO 320

180 X=INT(A/2)+1
190 Y=1
200 FOR N=1 TO A↑2
210 Q[X,Y]=N
220 IF N/A#INT(N/A) THEN 250
230 Y=Y+1
240 GOTO 310
250 X=X+1
260 Y=Y-1
270 IF X <= A THEN 290
280 X=1
290 IF Y>0 THEN 310
300 Y=A
310 NEXT N

320 IF A<16 THEN 400
330 FOR N=0 TO INT(A/15)*15 STEP 15
340 FOR Y=1 TO A
350 IF N=15*INT(A/15) THEN 380
360 FOR X=N+1 TO N+15
370 GOTO 420
380 FOR X=15*INT(A/15)+1 TO A
390 GOTO 420
400 FOR Y=1 TO A
410 FOR X=1 TO A
420 WRITE (15,430)Q[X,Y];
430 FORMAT F5.0
440 NEXT X
450 PRINT " "
460 NEXT Y
470 PRINT
480 IF A<16 THEN 50
490 PRINT
500 WAIT 30000
510 PRINT "<- Hier Blatt"N/15+1"anschliessen!!!"
520 PRINT
530 NEXT N

540 DISP "DATEI OK??";
550 INPUT D
560 IF D<0 THEN 50
570 MARK 1,A↑2
580 STORE  DATA D,Q
590 GOTO 50
600 END
```

```
QI[ ]   40      120     160     210     420     580

A       80      90      90      90      90      90      90      100     100     100     100
        120     120     180     200     220     220     270     300     320     330     340
        350     380     380     400     410     480     570

D       140     150     160     550     560     580

X       180     210     250     250     270     280     360     380     410     420     440

Y       190     210     230     230     260     260     290     300     340     400     420
        460

N       200     210     220     220     310     330     350     360     360     510     530

M A G I S C H E S    Q U A D R A T


Von 1 bis      9 ; Seitenlaenge   3; Summe      15
        8       1       6
        3       5       7
        4       9       2

M A G I S C H E S    Q U A D R A T


Von 1 bis      25 ; Seitenlaenge   5; Summe      65
        17      24      1       8       15
        23      5       7       14      16
        4       6       13      20      22
        10      12      19      21      3
        11      18      25      2       9
```

Wegen der geringen Speicherkapazität läßt sich mit diesem Programm nur ein Magisches Quadrat mit der maximalen Seitenlänge
von 49 berechnen. Mit der folgenden Variante wird die Möglichkeit auf 999 erhöht (das hat allerdings den Nachteil, daß die
Berechnung länger dauert und das Quadrat jedesmal neu berechnet werden muß, da Abspeichern nicht möglich ist). Bei dieser
Variante wird nur die erste Zeile berechnet (siehe Flußdiagramm), davon ausgehend wird jeweils die nächste Zeile abge-
leitet.

Im Programm erfolgt die Berechnung der ersten Quadratzeile in
den Zeilen 130-170. Die Funktionen Fn x und Fn y werden verwendet, da eine Vektorvariable bei diesem Rechner nicht 999
Felder haben kann, deshalb wird eine Matrixvariable mit
10·100=1000 Teilen benutzt. Die Ausdruckschleifen (L, N, M)
entsprechen den Schleifen im ersten Programm. Die Zeilen 270
bis 340 leiten die Zeilen aus der vorhergehenden ab und druk-
ken sie aus. Die Werte der einzelnen Felder errechnen sich
folgendermaßen:

● <u>Die Berechnung der ersten Zeile</u>

Die erste Zeile für n = 5 sieht so aus:

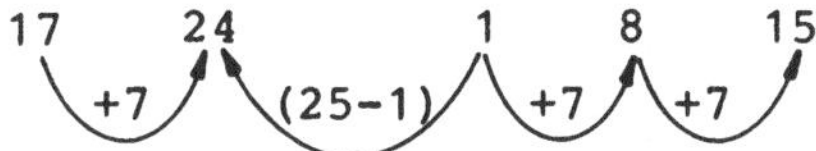

Beim Vergleich mit anderen Magischen Quadraten ergibt sich
dies: Im mittleren Feld steht, wie bekannt, 1. Im Feld links
daneben steht n^2-1. Die Werte aller anderen Felder errechnen
sich durch Addition von n+2 zum Wert des Feldes links bzw.
durch Subtraktion von n+2 vom Wert des Feldes rechts davon.

● <u>Die Berechnung der (i+1)-ten Zeilen aus der i-ten Zeile</u>

Dies sind die beiden ersten Zeilen für n = 5;

17	24	1	8	15
23	5	7	14	16
=17+6	=24+6-25	=1+6	=8+6	=15+1

1. Zeile

2. Zeile

Aus der Anschauung ergibt sich (wieder im Vergleich mit anderen Magischen Quadraten): Der Wert des Feldes j in der Zeile
i+1 ist um n+1 größer als der Wert des Feldes j in Zeile i,
es sei denn

   a) der Wert des Feldes j in Zeile i+1 wäre größer als n^2 -
      dann wird zusätzlich n^2 subtrahiert (vergl. im Beispiel
      24 → 5)

   b) der Wert des Feldes j in Zeile i ist durch n teilbar -
      dann wird nur 1 addiert (vergl. im Beispiel: 15 → 16).

<u>Flußdiagramm zur Berechnung des Magischen Quadrats nach der</u>
<u>zweiten Methode</u> (a: Seitenlänge; Abspeichern der Zeilen in
die Vektorvariable z mit der maximalen Länge 999 und der wirk-
lichen Länge a)

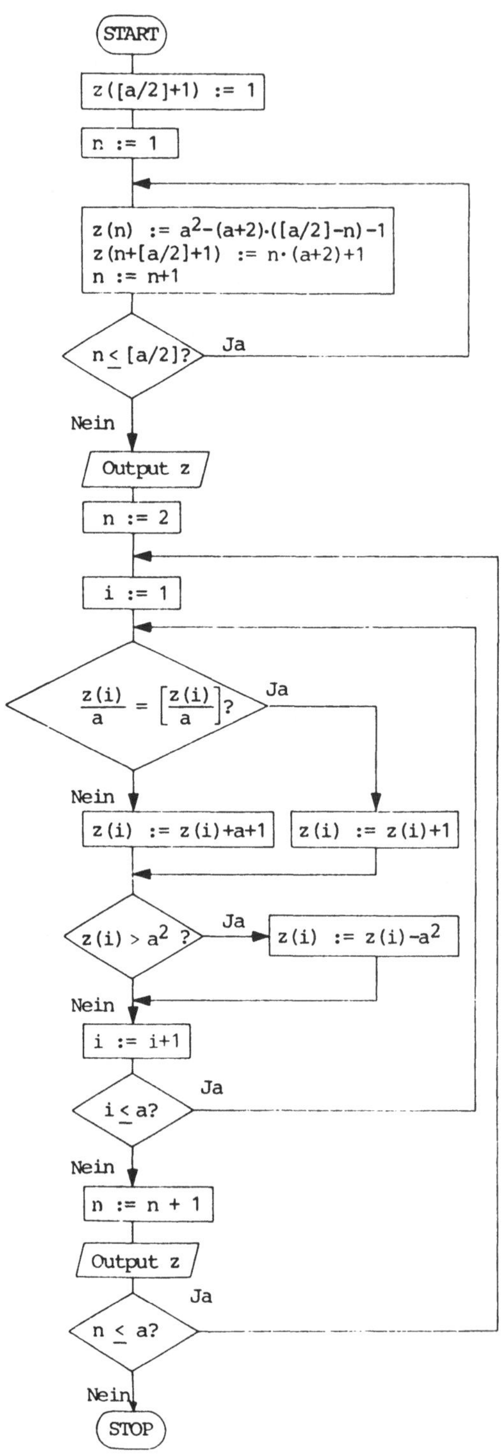

```
10 REM%%%%%%%%%%%%%%%%%%%%%%%%%%%%%%%%%%%%%%%%%%%%%%%%%%%%%%%%%%%%%%%%%%%%%%
20 REM "Magisches Quadrat II" by Achim Stoesser * 0017 * 1980/81 ************
30 REM%%%%%%%%%%%%%%%%%%%%%%%%%%%%%%%%%%%%%%%%%%%%%%%%%%%%%%%%%%%%%%%%%%%%%%
40 DIM D$[10,100]
50 DEF FNX(N)=N-10*INT((N-1)/10)
60 DEF FNY(N)=INT((N-1)/10)+1
70 PRINT
80 DISP "MAGISCHES QUADRAT";
90 INPUT A
100 I=INT(A/2)
110 IF A<3 OR A>999 OR A/2=I THEN 80
120 N=I+1
130 D[FNX(N),FNY(N)]=1
140 FOR N=1 TO I
150 D[FNX(N),FNY(N)]=A↑2-(A+2)*(I-N)-1
160 D[FNX(N+I+1),FNY(N+I+1)]=N*(A+2)+1
170 NEXT N
180 PRINT "MAGISCHES QUADRAT von 1 bis"A↑2"; Seitenlaenge"A"; Summe"(A↑3+A)/2
190 PRINT
200 I=INT(A/11)*11
210 FOR L=0 TO I STEP 11
220 FOR M=1 TO A
230 IF L=I THEN 260
240 FOR N=L+1 TO L+11
250 GOTO 270
260 FOR N=I+1 TO A
270 X=FNX(N)
280 Y=FNY(N)
290 WRITE (15,450)D[X,Y];
300 IF D[X,Y]/A#INT(D[X,Y]/A) THEN 320
310 D[X,Y]=D[X,Y]-A
320 D[X,Y]=D[X,Y]+A+1
330 IF D[X,Y] <= A↑2 THEN 350
340 D[X,Y]=D[X,Y]-A↑2
350 NEXT N
360 PRINT " "
370 NEXT M
380 PRINT
390 PRINT
400 IF A<11 THEN 70
410 WAIT 30000
420 PRINT "<-- Hier Blatt"L/11+1"anschliessen!!!"
430 PRINT
440 NEXT L
450 FORMAT F7.0
460 GOTO 70
470 END
```

```
DS[ ]   40     130    150    160    290    300    300    310    310    320    320
        330    340    340

FNX     50     130    150    160    270

N       50     50     50     60     60     120    130    130    140    150    150
        150    160    160    160    170    240    260    270    280    350

FNY     60     130    150    160    280

A       90     100    110    110    110    150    150    160    180    180    180
        180    200    220    260    300    300    310    320    330    340    400

I       100    110    120    140    150    160    160    200    210    230    260

L       210    230    240    240    420    440

M       220    370

X       270    290    300    300    310    310    320    320    330    340    340

Y       280    290    300    300    310    310    320    320    330    340    340


MAGISCHES QUADRAT von 1 bis 9     ; Seitenlaenge 3     ; Summe 15

        8    1    6
        3    5    7
        4    9    2


MAGISCHES QUADRAT von 1 bis 25    ; Seitenlaenge 5     ; Summe 65

        17   24    1    8   15
        23    5    7   14   16
         4    6   13   20   22
        10   12   19   21    3
        11   18   25    2    9
```

M A G I S C H E S   Q U A D R A T

Von 1 bis 2401 ; Seitenlaenge 49 ; Summe 58849

1227	1278	1329	1380	1431	1482	1533	1584	1635	1686	1737	1788	1839	1890	1941
1277	1328	1379	1430	1481	1532	1583	1634	1685	1736	1787	1838	1889	1940	1991
1327	1378	1429	1480	1531	1582	1633	1684	1735	1786	1837	1888	1939	1990	2041
1377	1428	1479	1530	1581	1632	1683	1734	1785	1836	1887	1938	1989	2040	2091
1427	1478	1529	1580	1631	1682	1733	1784	1835	1886	1937	1988	2039	2090	2141
1477	1528	1579	1630	1681	1732	1783	1834	1885	1936	1987	2038	2089	2140	2191
1527	1578	1629	1680	1731	1782	1833	1884	1935	1986	2037	2088	2139	2190	2241
1577	1628	1679	1730	1781	1832	1883	1934	1985	2036	2087	2138	2189	2240	2291
1627	1678	1729	1780	1831	1882	1933	1984	2035	2086	2137	2188	2239	2290	2341
1677	1728	1779	1830	1881	1932	1983	2034	2085	2136	2187	2238	2289	2340	2391
1727	1778	1829	1880	1931	1982	2033	2084	2135	2186	2237	2288	2339	2390	40
1777	1828	1879	1930	1981	2032	2083	2134	2185	2236	2287	2338	2389	39	90
1827	1878	1929	1980	2031	2082	2133	2184	2235	2286	2337	2388	38	89	140
1877	1928	1979	2030	2081	2132	2183	2234	2285	2336	2387	37	88	139	190
1927	1978	2029	2080	2131	2182	2233	2284	2335	2386	36	87	138	189	240
1977	2028	2079	2130	2181	2232	2283	2334	2385	35	86	137	188	239	290
2027	2078	2129	2180	2231	2282	2333	2384	34	85	136	187	238	289	340
2077	2128	2179	2230	2281	2332	2383	33	84	135	186	237	288	339	390
2127	2178	2229	2280	2331	2382	32	83	134	185	236	287	338	389	440
2177	2228	2279	2330	2381	31	82	133	184	235	286	337	388	439	490
2227	2278	2329	2380	30	81	132	183	234	285	336	387	438	489	491
2277	2328	2379	29	80	131	182	233	284	335	386	437	488	539	541
2327	2378	28	79	130	181	232	283	334	385	436	487	538	540	591
2377	27	78	129	180	231	282	333	384	435	486	537	588	590	641
26	77	128	179	230	281	332	383	434	485	536	587	589	640	691
76	127	178	229	280	331	382	433	484	535	586	637	639	690	741
126	177	228	279	330	381	432	483	534	585	636	638	689	740	791
176	227	278	329	380	431	482	533	584	635	686	688	739	790	841
226	277	328	379	430	481	532	583	634	685	687	738	789	840	891
276	327	378	429	480	531	582	633	684	735	737	788	839	890	941
326	377	428	479	530	581	632	683	734	736	787	838	889	940	991
376	427	478	529	580	631	682	733	784	786	837	888	939	990	1041
426	477	528	579	630	681	732	783	785	806	887	938	989	1040	1091
476	527	578	629	680	731	782	833	835	886	937	988	1039	1090	1141
526	577	628	679	730	781	832	834	885	936	987	1038	1089	1140	1191
576	627	678	729	780	831	882	884	935	986	1037	1088	1139	1190	1241
626	677	728	779	830	881	883	934	985	1036	1087	1138	1189	1240	1291
676	727	778	829	880	931	933	984	1035	1086	1137	1188	1239	1290	1341
726	777	828	879	930	932	983	1034	1085	1136	1187	1238	1289	1340	1391
776	827	878	929	980	982	1033	1084	1135	1186	1237	1288	1339	1390	1441
826	877	928	979	981	1032	1083	1134	1185	1236	1287	1338	1389	1440	1491
876	927	978	1029	1031	1082	1133	1184	1235	1286	1337	1388	1439	1490	1541
926	977	1028	1030	1081	1132	1183	1234	1285	1336	1387	1438	1489	1540	1591
976	1027	1078	1080	1131	1182	1233	1284	1335	1386	1437	1488	1539	1590	1641
1026	1077	1079	1130	1181	1232	1283	1334	1385	1436	1487	1538	1589	1640	1691
1076	1127	1129	1180	1231	1282	1333	1384	1435	1486	1537	1588	1639	1690	1741
1126	1128	1179	1230	1281	1332	1383	1434	1485	1536	1587	1638	1689	1740	1791
1176	1178	1229	1280	1331	1382	1433	1484	1535	1586	1637	1688	1739	1790	1841
1177	1228	1279	1330	1381	1432	1483	1534	1585	1636	1687	1738	1789	1840	1891
1992	2043	2094	2145	2196	2247	2298	2349	2400	1	52	103	154	205	256
2042	2093	2144	2195	2246	2297	2348	2399	49	51	102	153	204	255	306
2092	2143	2194	2245	2296	2347	2398	48	50	101	152	203	254	305	356
2142	2193	2244	2295	2346	2397	47	98	100	151	202	253	304	355	406
2192	2243	2294	2345	2396	46	97	99	150	201	252	303	354	405	456
2242	2293	2344	2395	45	96	147	149	200	251	302	353	404	455	506
2292	2343	2394	44	95	146	148	199	250	301	352	403	454	505	556
2342	2393	43	94	145	196	198	249	300	351	402	453	504	555	606
2392	42	93	144	195	197	248	299	350	401	452	503	554	605	656
41	92	143	194	245	247	298	349	400	451	502	553	604	655	706
91	142	193	244	246	297	348	399	450	501	552	603	654	705	756
141	192	243	294	296	347	398	449	500	551	602	653	704	755	806
191	242	293	295	346	397	448	499	550	601	652	703	754	805	856
241	292	343	345	396	447	498	549	600	651	702	753	804	855	906
291	342	344	395	446	497	548	599	650	701	752	803	854	905	956
341	392	394	445	496	547	598	649	700	751	802	853	904	955	1006

391	393	444	495	546	597	648	699	750	801	852	903	954	1005	1056
441	443	494	545	596	647	698	749	800	851	902	953	1004	1055	1106
442	493	544	595	646	697	748	799	850	901	952	1003	1054	1105	1156
492	543	594	645	696	747	798	849	900	951	1002	1053	1104	1155	1206
542	593	644	695	746	797	848	899	950	1001	1052	1103	1154	1205	1256
592	643	694	745	796	847	898	949	1000	1051	1102	1153	1204	1255	1306
642	693	744	795	846	897	948	999	1050	1101	1152	1203	1254	1305	1356
692	743	794	845	896	947	998	1049	1100	1151	1202	1253	1304	1355	1406
742	793	844	895	946	997	1048	1099	1150	1201	1252	1303	1354	1405	1456
792	843	894	945	996	1047	1098	1149	1200	1251	1302	1353	1404	1455	1506
842	893	944	995	1046	1097	1148	1199	1250	1301	1352	1403	1454	1505	1556
892	943	994	1045	1096	1147	1198	1249	1300	1351	1402	1453	1504	1555	1606
942	993	1044	1095	1146	1197	1248	1299	1350	1401	1452	1503	1554	1605	1656
992	1043	1094	1145	1196	1247	1298	1349	1400	1451	1502	1553	1604	1655	1706
1042	1093	1144	1195	1246	1297	1348	1399	1450	1501	1552	1603	1654	1705	1756
1092	1143	1194	1245	1296	1347	1398	1449	1500	1551	1602	1653	1704	1755	1806
1142	1193	1244	1295	1346	1397	1448	1499	1550	1601	1652	1703	1754	1805	1856
1192	1243	1294	1345	1396	1447	1498	1549	1600	1651	1702	1753	1804	1855	1906
1242	1293	1344	1395	1446	1497	1548	1599	1650	1701	1752	1803	1854	1905	1956
1292	1343	1394	1445	1496	1547	1598	1649	1700	1751	1802	1853	1904	1955	2006
1342	1393	1444	1495	1546	1597	1648	1699	1750	1801	1852	1903	1954	2005	2056
1392	1443	1494	1545	1596	1647	1698	1749	1800	1851	1902	1953	2004	2055	2106
1442	1493	1544	1595	1646	1697	1748	1799	1850	1901	1952	2003	2054	2105	2156
1492	1543	1594	1645	1696	1747	1798	1849	1900	1951	2002	2053	2104	2155	2157
1542	1593	1644	1695	1746	1797	1848	1899	1950	2001	2052	2103	2154	2205	2207
1592	1643	1694	1745	1796	1847	1898	1949	2000	2051	2102	2153	2204	2206	2257
1642	1693	1744	1795	1846	1897	1948	1999	2050	2101	2152	2203	2254	2256	2307
1692	1743	1794	1845	1896	1947	1998	2049	2100	2151	2202	2253	2255	2306	2357
1742	1793	1844	1895	1946	1997	2048	2099	2150	2201	2252	2303	2305	2356	6
1792	1843	1894	1945	1996	2047	2098	2149	2200	2251	2302	2304	2355	5	56
1842	1893	1944	1995	2046	2097	2148	2199	2250	2301	2352	2354	4	55	106
1892	1943	1994	2045	2096	2147	2198	2249	2300	2351	2353	3	54	105	156
1942	1993	2044	2095	2146	2197	2248	2299	2350	2401	2	53	104	155	206

307	358	409	460	511	562	613	664	715	766	817	868	919	970	1021
357	408	459	510	561	612	663	714	765	816	867	918	969	1020	1071
407	458	509	560	611	662	713	764	815	866	917	968	1019	1070	1121
457	508	559	610	661	712	763	814	865	916	967	1018	1069	1120	1171
507	558	609	660	711	762	813	864	915	966	1017	1068	1119	1170	1221
557	608	659	710	761	812	863	914	965	1016	1067	1118	1169	1220	1271
607	658	709	760	811	862	913	964	1015	1066	1117	1168	1219	1270	1321
657	708	759	810	861	912	963	1014	1065	1116	1167	1218	1269	1320	1371
707	758	809	860	911	962	1013	1064	1115	1166	1217	1268	1319	1370	1421
757	808	859	910	961	1012	1063	1114	1165	1216	1267	1318	1369	1420	1422
807	858	909	960	1011	1062	1113	1164	1215	1266	1317	1368	1419	1470	1472
857	908	959	1010	1061	1112	1163	1214	1265	1316	1367	1418	1469	1471	1522
907	958	1009	1060	1111	1162	1213	1264	1315	1366	1417	1468	1519	1521	1572
957	1008	1059	1110	1161	1212	1263	1314	1365	1416	1467	1518	1520	1571	1622
1007	1058	1109	1160	1211	1262	1313	1364	1415	1466	1517	1568	1570	1621	1672
1057	1108	1159	1210	1261	1312	1363	1414	1465	1516	1567	1569	1620	1671	1722
1107	1158	1209	1260	1311	1362	1413	1464	1515	1566	1617	1619	1670	1721	1772
1157	1208	1259	1310	1361	1412	1463	1514	1565	1616	1618	1669	1720	1771	1822
1207	1258	1309	1360	1411	1462	1513	1564	1615	1666	1668	1719	1770	1821	1872
1257	1308	1359	1410	1461	1512	1563	1614	1665	1667	1718	1769	1820	1871	1922
1307	1358	1409	1460	1511	1562	1613	1664	1715	1717	1768	1819	1870	1921	1972
1357	1408	1459	1510	1561	1612	1663	1714	1716	1767	1818	1869	1920	1971	2022
1407	1458	1509	1560	1611	1662	1713	1764	1766	1817	1868	1919	1970	2021	2072
1457	1508	1559	1610	1661	1712	1763	1765	1816	1867	1918	1969	2020	2071	2122
1507	1558	1609	1660	1711	1762	1813	1815	1866	1917	1968	2019	2070	2121	2172
1557	1608	1659	1710	1761	1812	1814	1865	1916	1967	2018	2069	2120	2171	2222
1607	1658	1709	1760	1811	1862	1864	1915	1966	2017	2068	2119	2170	2221	2272
1657	1708	1759	1810	1861	1863	1914	1965	2016	2067	2118	2169	2220	2271	2322
1707	1758	1809	1860	1911	1913	1964	2015	2066	2117	2168	2219	2270	2321	2372
1757	1808	1859	1910	1912	1963	2014	2065	2116	2167	2218	2269	2320	2371	21
1807	1858	1909	1960	1962	2013	2064	2115	2166	2217	2268	2319	2370	20	71
1857	1908	1959	1961	2012	2063	2114	2165	2216	2267	2318	2369	19	70	121
1907	1958	2009	2011	2062	2113	2164	2215	2266	2317	2368	18	69	120	171
1957	2008	2010	2061	2112	2163	2214	2265	2316	2367	17	68	119	170	221
2007	2058	2060	2111	2162	2213	2264	2315	2366	16	67	118	169	220	271
2057	2059	2110	2161	2212	2263	2314	2365	15	66	117	168	219	270	321

```
2107 2109 2160 2211 2262 2313 2364   14   65  116  167  218  269  320  371
2108 2159 2210 2261 2312 2363   13   64  115  166  217  268  319  370  421
2158 2209 2260 2311 2362   12   63  114  165  216  267  318  369  420  471
2208 2259 2310 2361   11   62  113  164  215  266  317  368  419  470  521
2258 2309 2360   10   61  112  163  214  265  316  367  418  469  520  571
2308 2359    9   60  111  162  213  264  315  366  417  468  519  570  621
2358    8   59  110  161  212  263  314  365  416  467  518  569  620  671
   7   58  109  160  211  262  313  364  415  466  517  568  619  670  721
  57  108  159  210  261  312  363  414  465  516  567  618  669  720  771
 107  158  209  260  311  362  413  464  515  566  617  668  719  770  821
 157  208  259  310  361  412  463  514  565  616  667  718  769  820  871
 207  258  309  360  411  462  513  564  615  666  717  768  819  870  921
 257  308  359  410  461  512  563  614  665  716  767  818  869  920  971
1072 1123 1174 1225
1122 1173 1224 1226
1172 1223 1274 1276
1222 1273 1275 1326
1272 1323 1325 1376
1322 1324 1375 1426
1372 1374 1425 1476
1373 1424 1475 1526
1423 1474 1525 1576
1473 1524 1575 1626
1523 1574 1625 1676
1573 1624 1675 1726
1623 1674 1725 1776
1673 1724 1775 1826
1723 1774 1825 1876
1773 1824 1875 1926
1823 1874 1925 1976
1873 1924 1975 2026
1923 1974 2025 2076
1973 2024 2075 2126
2023 2074 2125 2176
2073 2124 2175 2226
2123 2174 2225 2276
2173 2224 2275 2326
2223 2274 2325 2376
2273 2324 2375   25
2323 2374   24   75
2373   23   74  125
  22   73  124  175
  72  123  174  225
 122  173  224  275
 172  223  274  325
 222  273  324  375
 272  323  374  425
 322  373  424  475
 372  423  474  525
 422  473  524  575
 472  523  574  625
 522  573  624  675
 572  623  674  725
 622  673  724  775
 672  723  774  825
 722  773  824  875
 772  823  874  925
 822  873  924  975
 872  923  974 1025
 922  973 1024 1075
 972 1023 1074 1125
1022 1073 1124 1175
```

9 Sortierprogramme
von Dietmar Herrmann

Von den zahlreichen Sortiermethoden sind insbesondere zu nen-
nen:

        Sortieren durch Auswahl

        Sortieren durch Austausch

        Sortieren durch Einfügen

        Sortieren durch Zerlegen

        Sortieren mit Bäumen

        Sortieren durch Mischen

Zu jeder der genannten Methoden soll im folgenden ein Beispiel
gegeben werden.

Man unterteilt die Sortiermethoden im wesentlichen in zwei
Gruppen auf :

Direkte Methoden : Da dabei nur benachbarte Elemente verglichen
werden, wächst die Zahl der Vergleiche mit dem Quadrat der Elementezahl n

Effektive Methoden : Die Zahl der Vergleiche wächst mit nldn,
wobei ld den Zweierlogarithmus bedeutet

Für n=1000 Elemente sind bei direkten Methoden etwa 1 Million,
bei den effektiven Methoden etwa 10000 Vergleiche notwendig.
Die effektiven Methoden sind an Aufwand um einen Faktor 100
besser; dieser Faktor wächst noch, wenn mehr Elemente verglichen werden.

1. SORTIEREN DURCH AUSWAHL

Eine direkte und anschauliche Methode stellt das Sortieren
durch Auswahl dar:
Soll ein Feld aufsteigend geordnet werden, so werden beim ersten Durchgang alle Zahlen sequentiell nach dem Minimum abge-
sucht. Dieses wird an die 1. Stelle geschrieben. Die restli-
che Liste wird sodann im 2. Durchgang nach dem zweitkleinsten
Element durchgemustert und an die 2. Stelle gesetzt. Das Verfahren setzt sich in der angegebenen Weise fort und endet si-

cher nach dem (n-1)-ten Durchgang, da nach dem Einschreiben
des zweitgrößten Elements an vorletzter Stelle auch das Maximum richtig steht.

Der Algorithmus wird durch folgendes Struktogramm beschrieben:

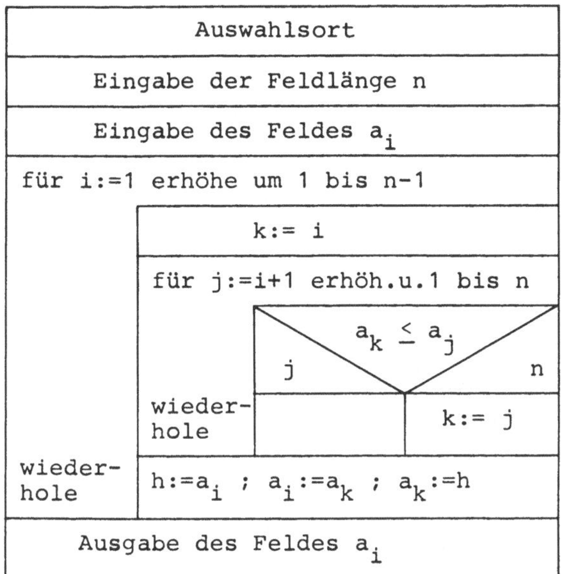

Um den Programm-Ablauf besser verfolgen zu können, werden bei
allen folgenden Programmen die Sortier-Zwischenschritte mit
ausgedruckt. Diese erscheinen nicht in den Struktogrammen.

```
100 OPEN 4,4:PRINT#4,CHR$(1)"AUSWAHLSORT"
110 :
120 REM EINLESEN
130 READ N : DIM A(N)
140 FOR I=1 TO N
150 : READ A(I):PRINT#4,A(I);
160 NEXT I:PRINT#4
170 :
180 FOR I=1 TO N-1
190 : REM MINIMUMSUCHE
200 : K=I
210 : FOR J=I+1 TO N
220 : : IF A(K)<=A(J) THEN 240
230 : : K=J:REM INDEX DES MINIMUMS
240 : NEXT J
250 :
260 : H=A(I):A(I)=A(K):A(K)=H
270 : FOR L=1 TO N:PRINT#4,A(L);:NEXT L:PRINT#4
280 NEXT I
290 END
300 :
310 DATA 10
320 DATA 5,8,0,6,3,9,7,1,4,2
READY.
```

```
AUSWAHLSORT
5  8  0  6  3  9  7  1  4  2
0  8  5  6  3  9  7  1  4  2
0  1  5  6  3  9  7  8  4  2
0  1  2  6  3  9  7  8  4  5
0  1  2  3  6  9  7  8  4  5
0  1  2  3  4  9  7  8  6  5
0  1  2  3  4  5  7  8  6  9
0  1  2  3  4  5  6  8  7  9
0  1  2  3  4  5  6  7  8  9
0  1  2  3  4  5  6  7  8  9
```

2. SORTIEREN DURCH AUSTAUSCH

Eine zweite, direkte Methode ist das Sortieren durch Austausch.

Vergleicht man - von links nach rechts gehend - alle benach-
barten Paare von Zahlen und vertauscht sie, falls sie nicht
aufsteigend geordnet sind, so wird im 1. Durchgang das Maximum an die letzte Stelle getauscht :

```
5   9   O   3   6   1   8   7   2   4
5   9←→O   3   6   1   8   7   2   4
5   O   9←→3   6   1   8   7   2   4
5   O   3   9←→6   1   8   7   2   4
```
und so fort bis
```
5   O   3   6   1   8   7   2   4   9.
```

Im 2. Durchgang wird entsprechend das zweitgrößte Element an
vorletzte Stelle getauscht. Nach spätestens n-1 Durchgängen
steht das zweitkleinste Element an 2. Stelle und das Feld
ist somit vollständig geordnet.

Denkt man sich das Feld senkrecht aufgereiht vor, so daß der
letzte Platz "oben" ist, so werden im Verlauf des Sortierens
die größeren Elemente nach oben getauscht, ähnlich wie Gas-
blasen in Flüssigkeiten nach oben steigen. Daher heißt das
Sortieren durch Austausch auch "Bubblesort".

Wie man am Programm-Ausdruck erkennt, kann das Feld bereits
vor dem (n-1)-ten Durchgang sortiert vorliegen. Um das Verfahren an dieser Stelle bereits zu beenden, führt man eine
Boolesche Variable ein, die angibt, ob beim vorhergehenden
Durchgang noch eine Vertauschung notwendig war. Da es in BASIC
keine Booleschen Variablen gibt, setzt man hier eine Marke.

Signalisiert die Marke, daß das Feld geordnet ist, bricht man
das Verfahren ab.

Zur Demonstration sind allen Sortierprogrammen DATA-Werte bei-
gegeben. Durch Ändern dieser DATA-Werte oder durch Ersetzen
der READ-Anweisungen durch INPUT können beliebige Zahlenfolgen eingegeben werden.

Das Verfahren wird durch folgendes Struktogramm beschrieben :

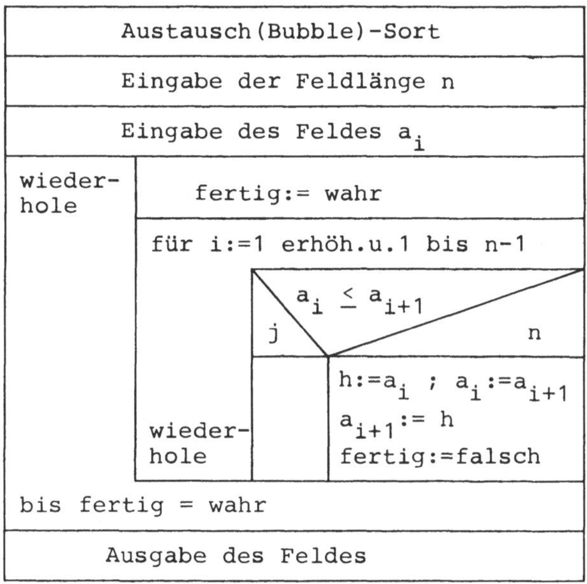


```
100 OPEN 4,4:PRINT#4,CHR$(1)"AUSTAUSCHSORT"
110 :
120 REM EINLESEN
130 READ N : DIM A(N)
140 FOR I=1 TO N
150 : READ A(I):PRINT#4,A(I);
160 NEXT I:PRINT#4
170 :
180 FERTIG=1
190 FOR I=1 TO N-1
200 : IF A(I)<=A(I+1) THEN 230
210 : H=A(I):A(I)=A(I+1):A(I+1)=H
220 : FERTIG=0
230 NEXT I
240 :
250 IF FERTIG=1 THEN END
260 FOR I=1 TO N:PRINT#4,A(I);
270 NEXT I:PRINT#4
280 GOTO 180
290 :
300 DATA 10
310 DATA 5,9,0,3,6,1,8,7,2,4
READY.
```

```
AUSTAUSCHSORT
5 9 0 3 6 1 8 7 2 4
5 0 3 6 1 8 7 2 4 9
0 3 5 1 6 7 2 4 8 9
0 3 1 5 6 2 4 7 8 9
0 1 3 5 2 4 6 7 8 9
0 1 3 2 4 5 6 7 8 9
0 1 2 3 4 5 6 7 8 9
```

3. SORTIEREN DURCH EINFÜGEN

Als dritte direkte Methode folgt das Sortieren durch Einfügen.

Das Vorgehen gleicht dem eines Kartenspielers, der eine neu-
aufgenommene Karte durch Vergleich mit seinen schon vorsor-
tierten Karten an die richtige Stelle steckt. Analog wird jedes Element mit den vorne in der Liste stehenden Elementen
verglichen und der Größe nach eingefügt. Die hinteren Elemente müssen entsprechend verschoben werden.
Beginnend mit dem 2. Element

5   9   0   3   6   1   8   7   2   4

werden alle linksstehenden Elemente - hier nur die 5 - verglichen und bei Fehlbestand eingefügt.
Im 2. Durchgang wird das 3. Element eingefügt:

    5   9   0   3   6   1   8   7   2   4

Entsprechend im 3. Durchlauf das 4. Element:

0   5   9   3   6   1   8   7   2   4

Das Verfahren wird entsprechend fortgeführt und endet sicher
im (n-1)-ten Durchgang, da dabei das letzte Element eingefügt
wird und das Feld somit vollständig geordnet ist.

Struktogramm
des Verfahrens

Einfügsort		
Eingabe der Feldlänge n		
Eingabe des Feldes a_i		
für i:=2 erhöhe um 1 bis n		
	$x:=a_i$; $a_0:=x$; $j:=i-1$	
	Solange $x \leq a_j$	
	wieder- hole	$a_{j+1}:=a_j$ $j:=j-1$
wieder- hole	$a_{j+1}:=x$	
Ausgabe des Feldes a_i		

```
100 OPEN 4,4:PRINT#4,CHR$(1)"EINFUEGSORT"
110 :
120 REM EINLESEN
130 READ N : DIM A(N)
140 FOR I=1 TO N
150 : READ A(I):PRINT#4,A(I);
160 NEXT I:PRINT#4
170 :
180 FOR I=2 TO N
190 : X=A(I):A(0)=X:J=I-1
200 : REM VORNE EINFUEGEN
210 : IF X>= A(J) THEN 240
220 : A(J+1)=A(J):J=J-1
230 : GOTO 210
240 : A(J+1)=X
250 : FOR K=1 TO N:PRINT#4,A(K);:NEXT K
260 : PRINT#4
270 NEXT I
280 :
290 END
300 :
310 REM DATA-WERTE
320 DATA 10,5,9,0,3,6,1,8,7,2,4
READY.
```

```
EINFUEGSORT
5 9 0 3 6 1 8 7 2 4
5 9 0 3 6 1 8 7 2 4
0 5 9 3 6 1 8 7 2 4
0 3 5 9 6 1 8 7 2 4
0 3 5 6 9 1 8 7 2 4
0 1 3 5 6 9 8 7 2 4
0 1 3 5 6 8 9 7 2 4
0 1 3 5 6 7 8 9 2 4
0 1 2 3 5 6 7 8 9 4
0 1 2 3 4 5 6 7 8 9
```

4. HEAP-SORT

Im Gegensatz zu den vorangegangenen direkten Methoden werden
bei den effektiven Methoden Elemente über größere Distanz hin-
weg verglichen und die sich ergebende Information gespeichert.
Dies geschieht bei dem von J.W.J. Williams 1964 vorgeschlagenen Heapsort mit Hilfe von Binärbäumen.
Ordnet man eine Folge von Zahlen $a_1, a_2, \ldots a_n$ so an einem Bi-
närbaum, daß gilt

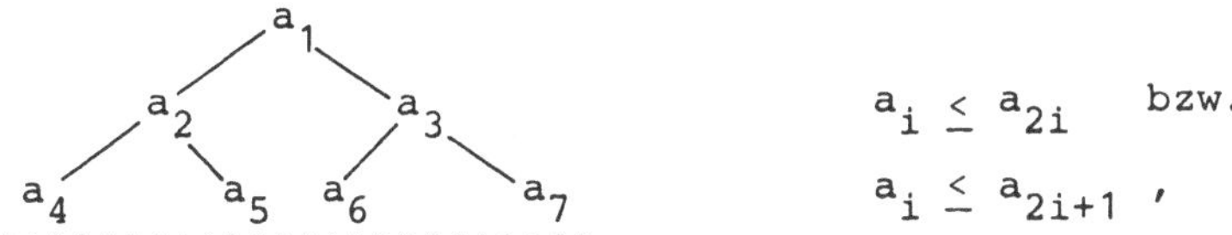

$$a_i \leq a_{2i} \quad \text{bzw.}$$

$$a_i \leq a_{2i+1} ,$$

so heißt die entstehende Anordnung ein Heap (Haufen).
Für jede zu sortierende Zahlenfolge muß ein solcher Heap auf-
gebaut werden. Dabei benützt man die Tatsache, daß die hintere

Hälfte der Zahlenfolge bereits als Heap aufgefaßt werden kann,
da obengenannte Heapbedingung nicht verletzt wird. Der gegebene Baum wird in umgekehrter Richtung zur Heapbedingung aufge-
baut :

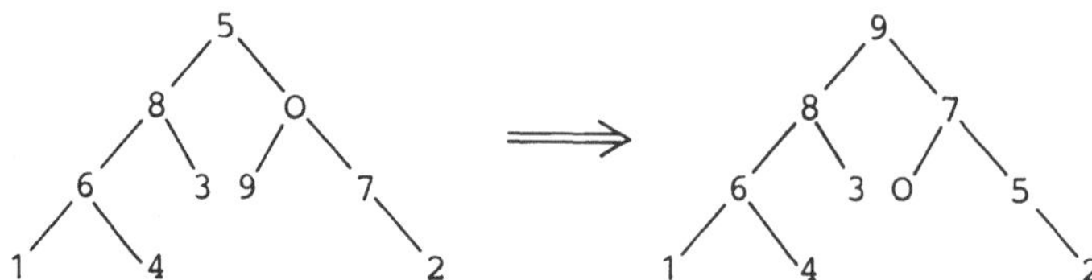

Dabei ist die 7 und 9 nach oben, die 0 und 5 nach unten gewan-
dert.
Dieser Heap muß nun abgearbeitet werden :
Die an der Baumwurzel stehende 9 wird als Maximum gestrichen
und im Feld an letzte Stelle gestellt.
Im nächsten Durchgang wandert die 8 nach oben :

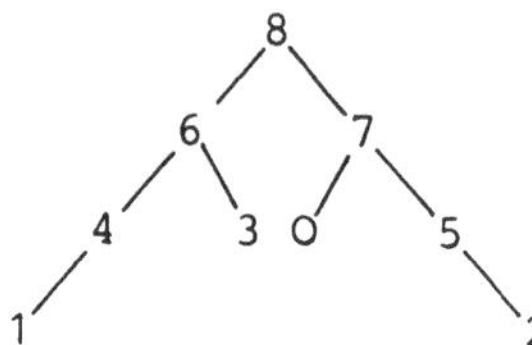

Die 8 wird gestrichen und als
zweitgrößte Zahl an vorletzte
Stelle gesetzt.

Im nächsten Durchgang wandert die 7 nach oben und wird an die
drittletzte Stelle gesetzt.

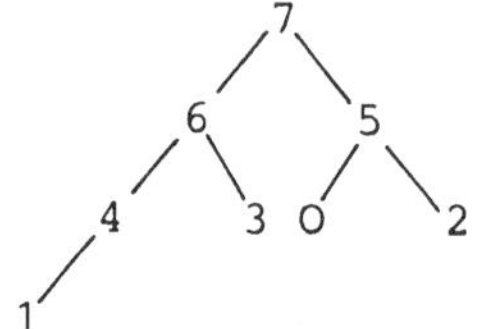

Das Verfahren setzt sich in der angegebenen Weise fort, bis
im (n-1)-ten Durchgang die 1 als zweitkleinstes Element an
die 2. Stelle gesetzt wird. Damit ist das Feld sortiert.

Dieser Programmablauf kann gut anhand des Programmausdrucks
verfolgt werden : Nach Ausdruck des eingegebenen Feldes wird
zunächst in 5 Schritten die erste Hälfte des Heaps miteinge-
baut. Sodann wird in 9 Schritten der Heap abgearbeitet und
das jeweils größte Element des verbleibenden Haufens wandert
nach hinten.

Diese zweimal benützte Prozedur des Wanderns (siehe Struktogramm) muß in BASIC als Unterprogramm geschrieben werden.

Heapsort
Eingabe der Feldlänge n
Eingabe des Feldes a_i
$l := [n/2]+1 \; ; \; r := n$

solange $l > 1$

wieder- hole	$l := l - 1$
	(wandern)

solange $r > 1$

wieder- hole	$x:=a_l \; ; \; a_l:=a_r \; ; \; a_r:=x$
	$r:=r-1$
	(wandern)

Ausgabe des Feldes

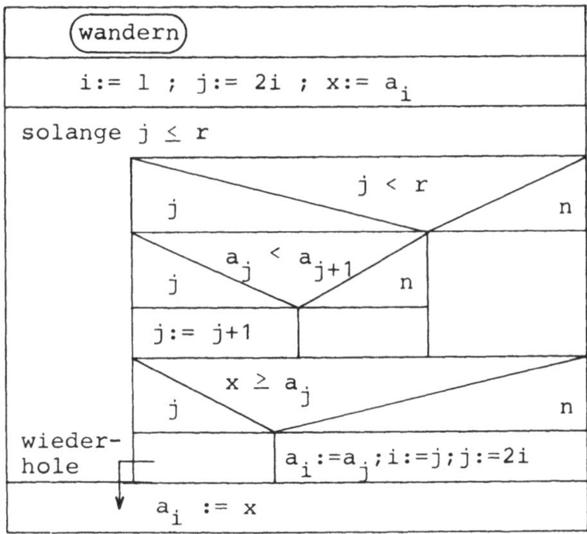

```
100 OPEN 4,4:PRINT#4,CHR$(1)"HEAPSORT"
110 :
120 REM EINGABE
130 READ N : DIM A(N)
140 FOR I=1 TO N
150 : READ A(I):PRINT#4,A(I);:NEXT I:PRINT#4
160 :
170 REM HEAP AUFBAUEN
180 L=INT(N/2)+1:R=N
190 IF L<=1 THEN 260
200 L=L-1
210 GOSUB 500
220 FOR I=1 TO N
230 : PRINT#4,A(I);:NEXT I:PRINT#4
240 GOTO 190
250 :
260 REM HEAP ABARBEITEN
270 IF R<=1 THEN END
280 X=A(L):A(L)=A(R):A(R)=X
290 R=R-1
300 GOSUB 500
310 FOR I=1 TO N
320 : PRINT#4,A(I);:NEXT I:PRINT#4
330 GOTO 270
340 :
500 REM UNTERPROGRAMM WANDERN
510 I=L:J=2*I:X=A(I)
520 IF J>R THEN 570
530 IF J<R THEN IF A(J)<A(J+1) THEN J=J+1
540 IF X>=A(J) THEN 570
550 A(I)=A(J):I=J:J=2*I
560 GOTO 520
570 A(I)=X
580 RETURN
590 :
600 DATA 10
610 DATA 5,8,0,6,3,9,7,1,4,2
READY.
```

HEAPSORT

```
5  8  0  6  3  9  7  1  4  2
5  8  0  6  3  9  7  1  4  2
5  8  0  6  3  9  7  1  4  2
5  8  9  6  3  0  7  1  4  2
5  8  9  6  3  0  7  1  4  2
9  8  7  6  3  0  5  1  4  2
8  6  7  4  3  0  5  1  2  9
7  6  5  4  3  0  2  1  8  9
6  4  5  1  3  0  2  7  8  9
5  4  2  1  3  0  6  7  8  9
4  3  2  1  0  5  6  7  8  9
3  1  2  0  4  5  6  7  8  9
2  1  0  3  4  5  6  7  8  9
1  0  2  3  4  5  6  7  8  9
0  1  2  3  4  5  6  7  8  9
```

5. SHELL-SORT

Bei dem von D.L. Shell 1959 vorgeschlagenen Verfahren werden
die Elemente der zu sortierenden Liste über abnehmende Distanz
verglichen und bei Fehlstand vertauscht. Für die Distanz-
Steuerung gibt es mehrere Möglichkeiten : Bei dem folgenden
Programm ist die Distanz anfangs gleich der halben Feldlänge
und wird dann schrittweise ganzzahlig halbiert.
In unserem Beispiel mit 10 Elementen werden also alle Elemente der Distanz 5 verglichen und bei Fehlstand vertauscht :

```
5    8    0    6    3    9    7    1    4    2
5    8    0    6    3    9    7    1    4    2
5    7    0    6    3    9    8    1    4    2
5    7    0    6    3    9    8    1    4    2
5    7    0    4    3    9    8    1    6    2
5    7    0    4    2    9    8    1    6    3
```

Damit sind alle Fehlstände der Distanz 5 beseitigt.
Entsprechend werden alle Elemente der Distanz 2 verglichen :

```
5    7    0    4    2    9    8    1    6    3
0    7    5    4    2    9    8    1    6    3
0    4    5    7    2    9    8    1    6    3
```

und so fort bis mit

```
0    1    2    3    5    4    6    7    8    9
```

alle Fehlstände der Distanz 2 getilgt sind.
Durch den Austausch der Fehlstände der Distanz 1, d.h. benach-
barter Elemente, wird das Feld schließlich sortiert.
Der Algorithmus wird durch folgendes Struktogramm dargestellt:

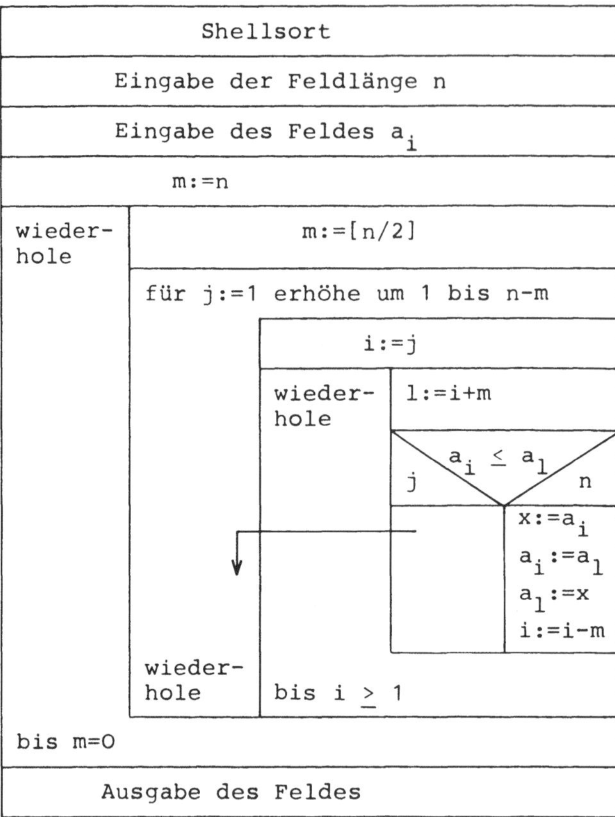

Shellsort
Eingabe der Feldlänge n
Eingabe des Feldes a_i
m:=n
wieder-
hole
m:=[n/2]
für j:=1 erhöhe um 1 bis n-m
i:=j
wieder-
hole
l:=i+m
$a_i \leq a_l$
j
n
x:=a_i
a_i:=a_l
a_l:=x
i:=i-m
wieder-
hole
bis i > 1
bis m=0
Ausgabe des Feldes

```
100 OPEN 4,4:PRINT#4,CHR$(1)"SHELLSORT"
110 :
120 REM EINGABE
130 READ N : DIM A(N)
140 FOR I=1 TO N
150 READ A(I):PRINT#4,A(I);:NEXT I:PRINT#4
160 :
170 M=N
180 M=INT(M/2)
190 IF M=0 THEN END
200 :
210 J=1:K=N-M
220 I=J
230 L=I+M
240 IF A(I)<=A(L) THEN 310
250 X=A(I):A(I)=A(L):A(L)=X
260 I=I-M
270 FOR P=1 TO N:PRINT#4,A(P);:NEXT P:PRINT#4
280 IF I<1 THEN 310
290 GOTO 230
300 :
310 J=J+1
320 IF J>K THEN 180
330 GOTO 220
340 :
350 DATA 10
360 DATA 5,8,0,6,3,9,7,1,4,2
READY.
```

```
SHELLSORT
5 8 0 6 3 9 7 1 4 2
5 7 0 6 3 9 8 1 4 2
5 7 0 4 3 9 8 1 6 2
5 7 0 4 2 9 8 1 6 3
0 7 5 4 2 9 8 1 6 3
0 4 5 7 2 9 8 1 6 3
0 4 2 7 5 9 8 1 6 3
0 4 2 7 5 1 8 9 6 3
0 4 2 1 5 7 8 9 6 3
0 1 2 4 5 7 8 9 6 3
0 1 2 4 5 7 6 9 8 3
0 1 2 4 5 7 6 3 8 9
0 1 2 4 5 3 6 7 8 9
0 1 2 3 5 4 6 7 8 9
0 1 2 3 4 5 6 7 8 9
```

6. QUICKSORT

Das von C.A.R. Hoare 1962 vorgeschlagene Quicksort ist das anerkannt schnellste Sortierverfahren für Felder, die nicht bereits schon weitgehend sortiert sind. Es beruht auf der Methode des Zerlegens.

Nach Wahl eines mittleren Elementes wird das Feld in zwei
Hälften zerlegt. Nun prüft man, ob alle Elemente der linken
Hälfte kleiner als das Zerlegungselement x sind bzw. ob alle
Elemente der rechten Hälfte größer als x sind. Wird ein Fehl-
stand bezüglich x entdeckt, so werden die Elemente der beiden
Hälften von rechts beginnend paarweise vertauscht :

Eine Schwierigkeit tritt dabei auf, da sich für die falsch
stehende 6 rechts von ③ kein Tauschpartner findet. In diesem
Fall wird die ③ selbst vertauscht. Somit zerlegt die ③ das
Feld in zwei Teilfelder, die bezüglich der ③ nur größer oder
kleiner sind :

2 ,1   0   ③   6   9   7   8   4   5

Naheliegend ist es nun, obiges Zerlegungsverfahren auf die
beiden erhaltenen Teilfelder anzuwenden. Eine solche rekursi-
ve Durchführung von Quicksort ist jedoch in BASIC nicht möglich. Da bei der iterativen Durchführung nur jeweils eines
der entstehenden Teilfelder weiterzerlegt werden kann, müssen
alle anderen Teilfelder - durch ihre Indexgrenzen gekenn-
zeichnet - gespeichert werden. Dies geschieht mit Hilfe zweier
Stapel SL ("Stapel links") und SR ("Stapel rechts"). Die einzelnen Stapelinhalte werden durch Indizes unterschieden, der
Index s gibt die jeweils letzte Eintragung an.
Diese nichtrekursive Version von Quicksort wird durch das
Struktogramm beschrieben.
Die entstehenden Teilfelder (siehe oben)

2 ①   0   bzw.   6   9   7   ⑧   4   5

werden nun bezüglich ① bzw. ⑧ sortiert. Dies liefert

0 ①   2   bzw.   6   5   4   7   ⑧   9.

Mit der Sortierung der entstehenden Teilfelder

6 ⑤   4   7   zu   4   5   6   7

ist die Sortierung beendet.

Quicksort (nicht rekursiv)

Eingabe der Feldlänge n

Eingabe des Feldes a_i

$s := 1 \; ; \; sl := 1 \; ; \; sr_1 := n$

wiederhole

> $l := sl_s \; ; \; r := sr_s \; ; \; s := s-1$
>
> **wiederhole**
>
> > $i := l \; ; \; j := r \; ; \; x := a_{\left[\frac{l+r}{2}\right]}$
> >
> > **wiederhole**
> >
> > > **solange** $a_i < x$
> > > | **wiederhole** | $i := i+1$ |
> > > |---|---|
> > >
> > > **solange** $x < a_j$
> > > | **wiederhole** | $j := j-1$ |
> > > |---|---|
> > >
> > > $i \leq j$ — **j** / **n**
> > >
> > > (j-Zweig:)
> > > $h := a_i$
> > > $a_i := a_j$
> > > $a_j := h$
> > > $i := i+1$
> > > $j := j-1$
> >
> > **bis** $i > j$
> >
> > $i < r$ — **j** / **n**
> >
> > (j-Zweig:)
> > $s := s+1 ; sl_s := i ; sr_s := r$
> >
> > $r := j$
>
> **bis** $l \geq r$

bis $s = 0$

Ausgabe des Feldes

```
100 OPEN 4,4:PRINT#4,CHR$(1)"QUICKSORT"
110 :
120 REM EINGABE
130 READ N : DIM A(N)
140 FOR I=1 TO N
150 : READ A(I):PRINT#4,A(I);:NEXT I:PRINT#4
160 :
170 S=1:SL(1)=1:SR(1)=N
180 :
190 L=SL(S):R=SR(S):S=S-1
200 :
210 I=L:J=R
220 X=A(INT((L+R)/2)) : REM ZERLEGUNGSMARKE
230 IF A(I)<X THEN I=I+1:GOTO 230
240 IF X<A(J) THEN J=J-1:GOTO 240
250 IF I>J THEN 300
260 H=A(I):A(I)=A(J):A(J)=H
270 I=I+1:J=J-1
280 IF I<=J THEN 230
290 :
300 IF I>=R THEN 320
310 S=S+1:SL(S)=I:SR(S)=R
320 FOR I=1 TO N:PRINT#4,A(I);:NEXT I:PRINT#4
330 R=J:IF L<R THEN 210
340 :
350 IF S>0 THEN 190
360 :
370 DATA 10
380 DATA 5,8,0,6,3,9,7,1,4,2
READY.
```

```
QUICKSORT
5  8  0  6  3  9  7  1  4  2
2  1  0  3  6  9  7  8  4  5
0  1  2  3  6  9  7  8  4  5
0  1  2  3  6  9  7  8  4  5
0  1  2  3  6  5  4  8  7  9
0  1  2  3  4  5  6  8  7  9
0  1  2  3  4  5  6  7  8  9
0  1  2  3  4  5  6  7  8  9
```

7. SORTIEREN DURCH MISCHEN

Das Sortieren durch Mischen ist das älteste der effektiven
Sortierverfahren; es geht im Prinzip auf J.v. Neumann (1945)
zurück. Im Gegensatz zu den bisherigen Methoden wird beim
Mischsort auf das Feld nur sequentiell zugegriffen, wie es
z.B. bei Magnetbändern der Fall ist. Dadurch ist es notwendig, ein leeres Feld zum Zwischenspeichern der Daten bereit-
zustellen.

Das gegebene Feld

9   5   O   3   7 | 4   8   6   2   1

wird halbiert und beide Hälften zu geordneten Paaren ge-
mischt:

1   2 | 5   9 | 4   7 | 8   6 | 3   O.

Mischen zum Quadrupel ergibt :

1   2   5   9 | 4   7 | 8   6   3   O

Mischen dieser Quadrupel zu Oktupel liefert

O   1   2   3   4   5   6   7 | 8   9,

so daß der Sortiervorgang abgeschlossen ist.
Der Algorithmus ist wegen der komplizierten Kopier- und
Mischschritte nicht leicht zu verstehen. Der genaue Ablauf
kann dem Struktogramm entnommen werden.
Variablenliste :
vorwärts : Boolesche Variable, die angibt, ob vom Quellenband
           zum Zielband kopiert wird.
p : p wird fortlaufend verdoppelt und erzeugt die Zweierpo-
    tenzen
k,l : Zielindizes ; k bzw. l gibt an, ob in das untere bzw.
      obere Ende des Zielbandes gemischt wird
t : Tauschvariable für k und l
h : h = ± 1 um gleichmäßiges Durchmischen der Felder zu er-
    halten, werden die Indizes k und l um k erhöht bzw.
    erniedrigt
m : gibt jeweils die Anzahl der zu mischenden Elemente an
i,j : Indizes der geordneten Teilfelder ("Runs")
q,r : geben die Länge des i- bzw. j-ten Runs an

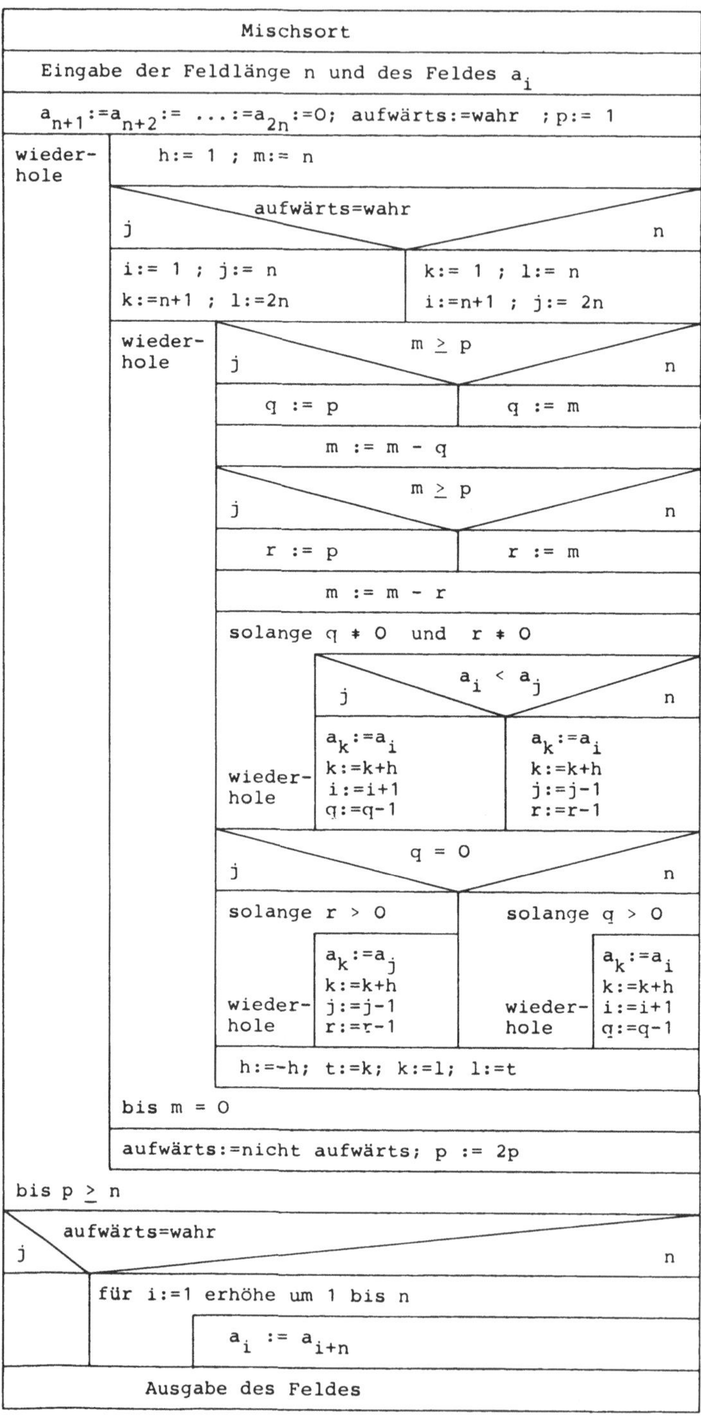
Mischsort
Eingabe der Feldlänge n und des Feldes a_i
$a_{n+1}:=a_{n+2}:= \ldots :=a_{2n}:=0$; aufwärts:=wahr ; p:= 1
wiederhole
h:= 1 ; m:= n
aufwärts=wahr
j   n
i:= 1 ; j:= n   k:= 1 ; l:= n
k:=n+1 ; l:=2n   i:=n+1 ; j:= 2n
wiederhole
m ≥ p
j   n
q := p   q := m
m := m - q
m ≥ p
j   n
r := p   r := m
m := m - r
solange q ≠ 0 und r ≠ 0
$a_i < a_j$
j   n
$a_k:=a_i$ $a_k:=a_i$
k:=k+h   k:=k+h
i:=i+1   j:=j-1
q:=q-1   r:=r-1
wiederhole
q = 0
j   n
solange r > 0   solange q > 0
$a_k:=a_j$ $a_k:=a_i$
k:=k+h   k:=k+h
j:=j-1   i:=i+1
r:=r-1   q:=q-1
wiederhole   wiederhole
h:=-h; t:=k; k:=l; l:=t
bis m = 0
aufwärts:=nicht aufwärts; p := 2p
bis p ≥ n
aufwärts=wahr
j   n
für i:=1 erhöhe um 1 bis n
$a_i := a_{i+n}$
Ausgabe des Feldes

```
100 OPEN 4,4:PRINT#4,CHR$(1)"MISCHSORT"
110 :
120 READ N
130 REM BEREITSTELLEN DER DOPP.FELDLAENGE ZUM KOPIEREN
140 DIM A(2*N)
150 FOR I=1 TO N
160 READ A(I)
170 NEXT I
180 :
190 AUFWAERTS=0:P=1
200 IF P>= N THEN 550
210 H=1:M=N
220 IF AUFWAERTS=0 THEN I=1:J=N:K=N+1:L=2*N:GOTO 260
230 K=1:L=N:I=N+1:J=2*N
240 :
250 REM MISCHEN EINES RUNS VON I UND J AUF K
260 IF M=0 THEN 500
270 IF M>=P THEN Q=P:GOTO 290
280 Q=M
290 M=M-Q
300 IF M>=P THEN R=P:GOTO 320
310 R=M
320 M=M-R
330 :
340 REM MISCHEN
350 IF Q=0 OR R=0 THEN 420
360 IF A(I)>=A(J) THEN 380
370 A(K)=A(I):K=K+H:I=I+1:Q=Q-1:GOTO 390
380 A(K)=A(J):K=K+H:J=J-1:R=R-1
390 GOTO 350
400 :
410 REM KOPIEREN DES J-TEN RUNS
420 IF Q<> 0 THEN 460
430 IF R<=0 THEN 460
440 A(K)=A(J):K=K+H:J=J-1:R=R-1:GOTO 430
450 REM KOPIEREN DES I-TEN RUNS
460 IF Q<=0 THEN 480
470 A(K)=A(I):K=K+H:I=I+1:Q=Q-1:GOTO 460
480 H=-H:T=K:K=L:L=T
490 GOTO 260
500 AUFWAERTS=NOT(AUFWAERTS):P=2*P
510 FOR S=1 TO N
520 PRINT#4,A(S);:NEXT S:PRINT#4
530 GOTO 200
540 :
550 IF AUFWAERTS=-1 THEN FOR I=1 TO N:A(I)=A(I+N):NEXT I
560 FOR S=1 TO N:PRINT#4,A(S);:NEXT S:PRINT#4
570 :
580 DATA 10
590 DATA 9,5,0,3,7,4,8,6,2,1
READY.
```

```
MISCHSORT
9  5  0  3  7  4  8  6  2  1
1  2  5  9  4  7  8  6  3  0
1  2  5  9  4  7  8  6  3  0
0  1  2  3  4  5  6  7  8  9
0  1  2  3  4  5  6  7  8  9
```

8. BINÄRES SUCHEN

Abschließend zu den vorangegangenen Sortierprogrammen werden
noch zwei Anwendungen behandelt :
                 Binäres Suchen in einer geordneten Liste
                 Aufstellen einer Rangordnung
Die Binärsuche geht wie folgt vor sich : Anstatt die gegebene
Liste sequentiell zu durchsuchen, wird das mittlere Element
mit dem gesuchten verglichen. Entweder wird dieses gefunden
oder diejenige Hälfte der Liste bestimmt, die das gesuchte
Element (auch Schlüssel genannt) enthält. Reduziert man die
zu durchsuchende Liste auf die entsprechende Hälfte, so läßt
sich der ebengenannte Suchschritt erneut durchführen.
Das Verfahren wird in der angegebenen Weise fortgesetzt, bis
entweder der Schlüssel als mittleres Element gefunden wird
oder die zu durchsuchende Liste leer ist. Im letzteren Fall
ist das gesuchte Element nicht vorhanden.
Folgendes Struktogramm demonstriert den Algorithmus :

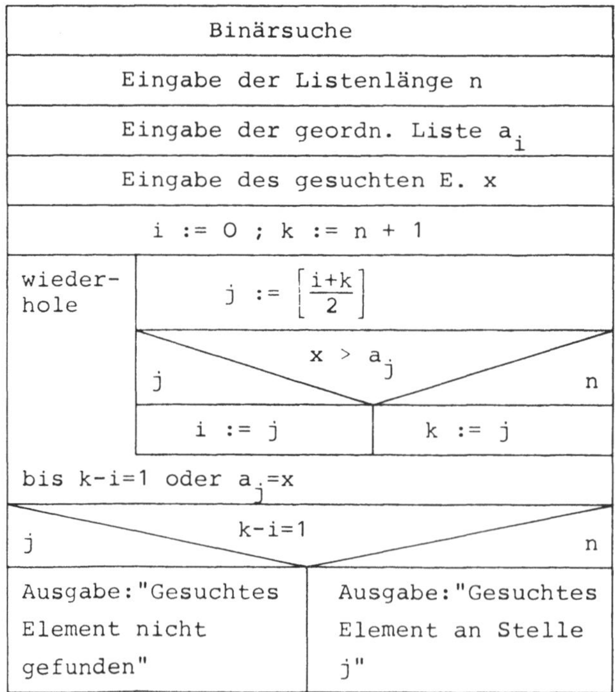

```
100 OPEN 4,4:PRINT#4,CHR$(1)"BINAERSUCHE"
110 PRINT#4
120 :
130 REM EINLESEN
140 READ N : DIM A(N+1)
150 PRINT#4,"GEORDNETE LISTE"
160 FOR I=1 TO N
170 READ A(I):PRINT#4,A(I);
180 NEXT I:PRINT#4
190 :
200 PRINT#4
210 PRINT#4,"GESUCHTES ELEMENT";
220 INPUT XSUCH:PRINT#4,XSUCH
230 :
240 REM INDEX-GRENZEN
250 I=0:K=N+1
260 :
270 J=INT((I+K)/2)
280 IF XSUCH<>A(J) THEN 300
290 PRINT#4,"GESUCHTES ELEMENT AN";J;".TER STELLE":END
300 IF XSUCH > A(J) THEN I=J:GOTO 320
310 K=J
320 IF K-I<>1 THEN 270
330 PRINT#4,"GESUCHTES ELEMENT NICHT GEFUNDEN":END
340 :
350 REM DATEN
360 DATA 10
370 DATA 14,19,21,37,45,52,67,73,81,95
READY.
```

```
BINAERSUCHE

GEORDNETE LISTE
 14  19  21  37  45  52  67  73  81  95

GESUCHTES ELEMENT 67
GESUCHTES ELEMENT AN 7 .TER STELLE
```

9. RANGORDNUNG

Wie bei Sportwettkämpfen und Prüfungsergebnissen usw. üblich,
werden Punktelisten in Rangplätze umgerechnet.
Rangordnungen benötigt man auch in der Statistik für parame-
terfreie Tests wie z.B. beim Wilcoxon- oder Mann-Whitney-Test.
Für folgende Punkteliste

```
39   37   37   27   23   23   23   18   15   12
```

wird die Rangordnung erstellt :

39 erhält als beste Leistung den Rang 1. 37 belegt den 2.
und 3. Platz und erhält den Mittelwert 2,5 als Rangplatz.
27 erhält den Rang 4. 23 tritt dreimal auf und erhält das
Mittel $\frac{5+6+7}{3}$ = 6 als Rang. Den restlichen Punkten wird entsprechend der Rang 8, 9 und 10 zugeordnet.

Das Verfahren wird durch folgendes Struktogramm dargestellt:

```
┌─────────────────────────────────────────────────────────┐
│                      Rangordnung                          │
├─────────────────────────────────────────────────────────┤
│              Eingabe der Listenlänge n                    │
├─────────────────────────────────────────────────────────┤
│             Eingabe der geordn. Liste a_i                 │
├─────────────────────────────────────────────────────────┤
│                      j := 1                               │
├─────────────────────────────────────────────────────────┤
│ solange j < n                                             │
│         ┌─────────────────────────────────────────────┐  │
│         │          z:=0 ; k:=j+z+1                     │  │
│         ├─────────────────────────────────────────────┤  │
│         │ solange k≤n und a_j=a_k                      │  │
│         │          ┌──────────────────────────────┐   │  │
│         │ wieder-  │ z := z + 1                    │   │  │
│         │ hole     │ k := j + z + 1                │   │  │
│         ├──────────┴──────────────────────────────┤   │  │
│         │ für i:=j erhöhe um 1 bis j+z             │   │  │
│         │ wieder-  │ Ausgabe a_j , j+ z/2          │   │  │
│         │ hole     │                               │   │  │
│ wieder- ├─────────────────────────────────────────┤   │  │
│ hole    │              j := k                      │   │  │
├─────────┴─────────────────────────────────────────────┤  │
│          a_{n-1} ≠ a_n                                  │  │
│ j                                          n           │  │
├────────────────────────┬──────────────────────────────┤  │
│ Ausgabe a_n , n        │                               │  │
└────────────────────────┴───────────────────────────────┘
```

```
100 OPEN 4,4:PRINT#4,CHR$(1)"RANGORDNUNG"
110 :
120 REM EINLESEN DER GEORDNETEN LISTE
130 READ N : DIM A(N)
140 FOR I=1 TO N
150 : READ A(I)
160 NEXT I
170 PRINT#4,"ELEMENT","RANG"
180 :
190 J=1:REM ZAEHLSCHLEIFE
200 Z=0:REM ZAEHLER FUER HAEUFIGKEIT
210 K=J+Z+1
220 IF K<=N THEN IF A(J)=A(K) THEN Z=Z+1:GOTO 210
230 FOR I=J TO J+Z
240 PRINT#4,A(J),J+Z/2
250 NEXT I
260 J=K
270 IF J<N THEN 200
280 IF A(N-1)<>A(N) THEN PRINT#4,A(N),N
290 :
300 REM LISTE
310 DATA 10
320 DATA 39,37,37,27,23,23,23,18,15,12
READY.
```

```
RANGORDNUNG
ELEMENT            RANG
 39                 1
 37                 2.5
 37                 2.5
 27                 4
 23                 6
 23                 6
 23                 6
 18                 8
 15                 9
 12                10
```

Programme zur Pi-Bestimmung

von Hans Josef Claßen

Zur Bestimmung der Kreisberechnungszahl Pi gibt es verschiedene Möglichkeiten, die Definitionen, mathematische Reihen, aber auch anspruchsvollere Verfahren und ein computerspezifisches Verfahren über einen Zufallsprozeß beinhalten. Es ist zur Aufgabe gestellt, die geläufigsten Verfahren zusammenzustellen und in einem BASIC-Programm zu formulieren. Dieses Programm wird einmal als Extended-BASIC-Version des Olivetti P 6060 gezeigt und auch in der Level-II-BASIC-Version des TRS-80.

Zu jedem Verfahren gehört ein Flußdiagramm. Daraus wurden die einzelnen Programmsegmente für beide Programme gebildet und zusammengestellt, so daß jedes Verfahren über ON...GOTO angesprungen werden kann. Die Flußdiagramme haben also die Gültigkeit für beide Programme und ermöglichen es, die einzelnen Verfahren auch als Taschenrechnerprogramme separat zu formulieren.

Beide Programme sind so konzipiert, daß sie alle benötigten Werte abfragen und der Anwender nur noch die 'End of line'- oder die 'Enter'-Taste zu drücken hat, wenn die entsprechende Eingabe gemacht worden ist.

Beschreibung des Olivetti-Programms

Zeilenr.	Funktion
10-20	Programmüberschrift
40	Deklarierung der Variablen H1, HØ, A1, G1 als einfach genau.
50-110	Ausgabe aller möglichen Verfahren
120-140	Eingabe der Verfahrensnummer und eine Reaktion gemäß der Nummer (über ON...GOTO)
150	Vergleichswert ausgeben
160-180	Aufforderung zur erneuten Wahl
190-350	Vieleckverfahren (Beschreibung siehe TRS-80-Version!)

Zeilennr.	Funktion
360-460	Produktreihe
470-570	Summenreihe 1
580-600	Definition 1
610-630	Definition 2
640-750	Summenreihe 2
760-880	Summen-/Produktreihe
890-1030	Monte-Carlo-Verfahren
1040	End-Zeile (Programmende)

Programmliste

```
FILE     PI2

0010 REM***ITERATIVE PI-BESTIMMUNG***
0020 REM***HANS JOSEF CLASSEN***OLIVETTI P6060***EXTENDED BASIC***
0040 DCL S(H1,H0,A1,G1)
0050 DISP "DIESES PROGRAMM ERMITTELT PI. WAEHLEN SIE BITTE!";
0060 DISP
0070 DISP "PRODUKTREIHE (=1), VIELECKVERFAHREN (=2)";
0080 DISP "SUMMENREIHE1 (=3), DEFINITION1 (=4), DEFINITION2 (=5)";
0090 DISP "SUMMENREIHE2 (=6), SUMMEN-/PRODUKTREIHE (=7)";
0100 DISP "MONTE CARLO VERFAHREN (=8), VERGLEICHSWERT (=9)";
0110 DISP
0120 INPUT A1
0130 IF A1=99 THEN 1040
0140 ON A1 GOTO 360,190,470,580,610,640,760,890
0150 PRINT PI
0160 REM
0170 DISP "WAEHLEN SIE! (99) = ENDE";
0180 GOTO 60
0190 REM****VIELECKVERFAHREN****
0200 DISP "ANZAHL DER DURCHLAUFE EINGEBEN";
0210 INPUT H1
0220 LET I1=1
0230 LET A1=6
0240 FOR H0=1 TO H1 STEP 1
0250 LET X1=SQR(1-I1↑2/4)
0260 LET Y1=1-X1
0270 LET B1=I1/X1
0280 LET U1=A1*I1
0290 LET U2=A1*B1
0300 LET A1=A1*2
0310 LET I1=SQR(I1↑2/4+Y1↑2)
0320 PRINT (U1/2+U2/2)/2
0330 NEXT H0
0340 PRINT A1;",";U1/2;"<PI<";U2/2
0350 GOTO 160
0360 REM****PRODUKTREIHE****
0370 DISP "ANZAHL DER GLIEDER EINGEBEN";
0380 INPUT A1
0390 LET P2=1
0400 FOR B2=2 TO A1 STEP 2
0410 LET B3=B2↑2/(B2-1)/(B2+1)
0420 LET P2=P2*B3
```

```
0430 PRINT F2*2
0440 NEXT B2
0450 PRINT A1,F2*2
0460 GOTO 160
0470 REM****SUMMENREIHE1****
0480 DISP "ANZAHL DER SUMMANDEN EINGEBEN";
0490 INPUT A1
0500 LET S3=0
0510 FOR B4=1 TO A1 STEP 2
0520 LET B5=1/B4↑2
0530 LET S3=S3+B5
0540 PRINT SQR(S3*8)
0550 NEXT B4
0560 PRINT A1,SQR(S3*8)
0570 GOTO 160
0580 REM****DEFINITION 1****
0590 PRINT 4*ATN(1)
0600 GOTO 160
0610 REM****DEFINITION 2****
0620 PRINT 16*ATN(1/5)-4*ATN(1/239)
0630 GOTO 160
0640 REM****SUMMENREIHE 2****
0650 DISP "GEWUENSCHTE GENAUIGKEIT EINGEBEN";
0660 INPUT A2
0670 LET K0=K1=0
0680 LET K2=-1
0690 LET K2=K2*-1
0700 LET K3=K1
0710 LET K0=K0+1
0720 LET K1=K1+4/(2*K0-1)*K2
0730 IF ABS(K1-K3)>A2 THEN 690
0740 PRINT "N=";K0;"PI=";K1
0750 GOTO 160
0760 REM****SUMMEN-/PRODUKTREIHE****
0770 DISP "GENAUIGKEIT EINGEBEN";
0780 INPUT A2
0790 LET F0=F1=3
0800 LET F2=0
0810 LET F2=F2+1
0820 LET F0=F0*(F2*2-1)↑2/(2*F2+1)/F2/8
0840 LET F1=F1+F0
0850 PRINT F1
0860 IF F0>A2 THEN 810
0870 PRINT "PI=";F1;"N=";F2
0880 GOTO 160
0890 REM***MONTE CARLO VERFAHREN****
0900 RANDOMIZE
0910 DISP "ANZAHL DER ZU BESTIMMENDEN ZUFALLSZAHLEN EINGEBEN";
0920 INPUT G1
0930 LET A1=0
0940 FOR H0=1 TO G1 STEP 1
0950 LET X8=RND
0960 LET Y8=RND
0970 LET A8=(X8-.5)↑2+(Y8-.5)↑2
0980 IF A8>.25 THEN 1000
0990 LET A1=A1+1
1000 PRINT 4*A1/H0
1010 NEXT H0
1020 PRINT G1,"PI=";4*A1/G1
1030 GOTO 160
1040 END

END OF LISTING
```

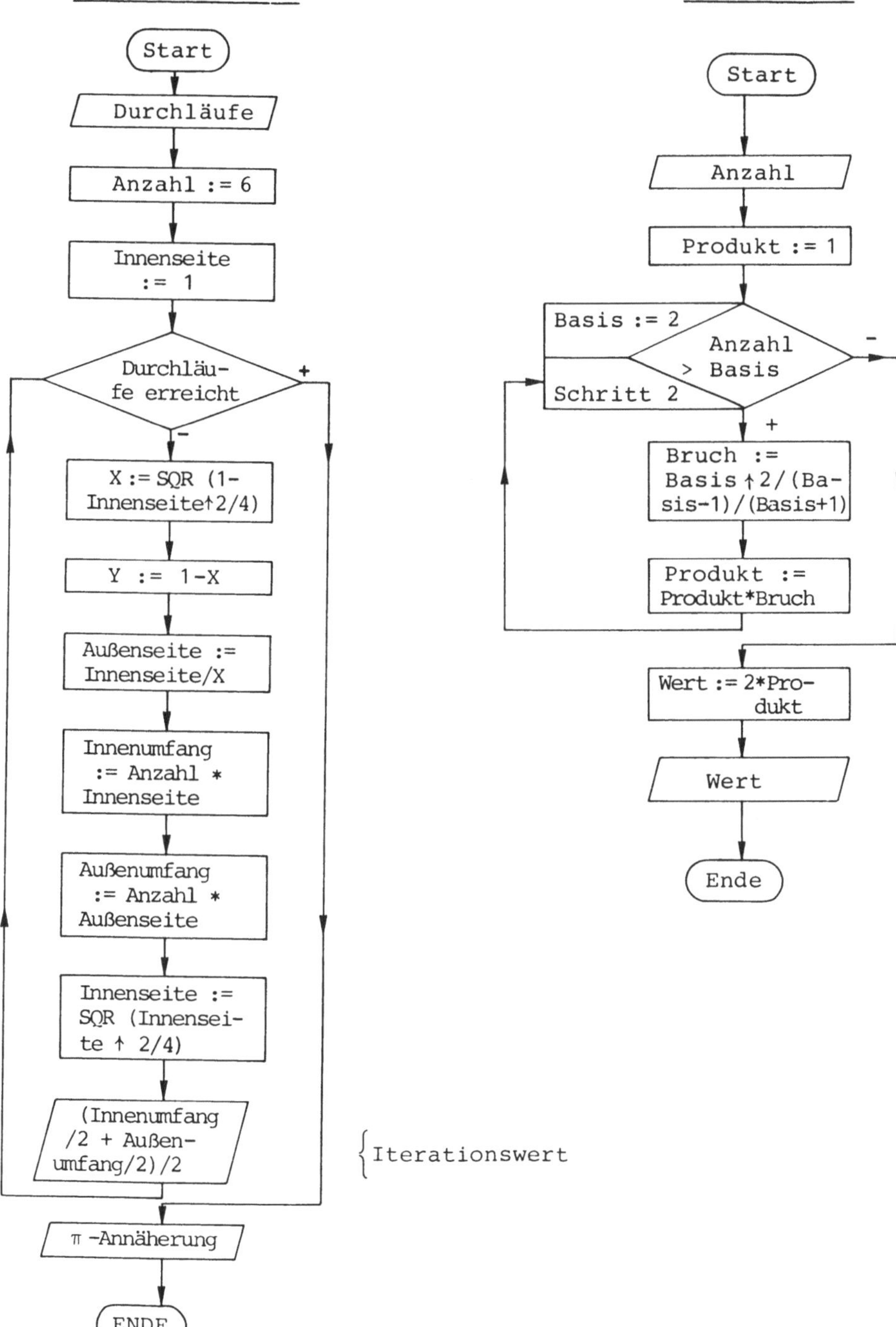

VIELECKVERFAHREN
PRODUKTREIHE
Start
Durchläufe
Anzahl := 6
Innenseite := 1
Durchläufe erreicht
+
-
X := SQR (1-Innenseite↑2/4)
Y := 1-X
Außenseite := Innenseite/X
Innenumfang := Anzahl * Innenseite
Außenumfang := Anzahl * Außenseite
Innenseite := SQR (Innenseite ↑ 2/4)
(Innenumfang/2 + Außenumfang/2)/2
Iterationswert
π -Annäherung
ENDE
Start
Anzahl
Produkt := 1
Basis := 2
Anzahl > Basis
Schritt 2
-
+
Bruch := Basis↑2/(Basis-1)/(Basis+1)
Produkt := Produkt*Bruch
Wert := 2*Produkt
Wert
Ende

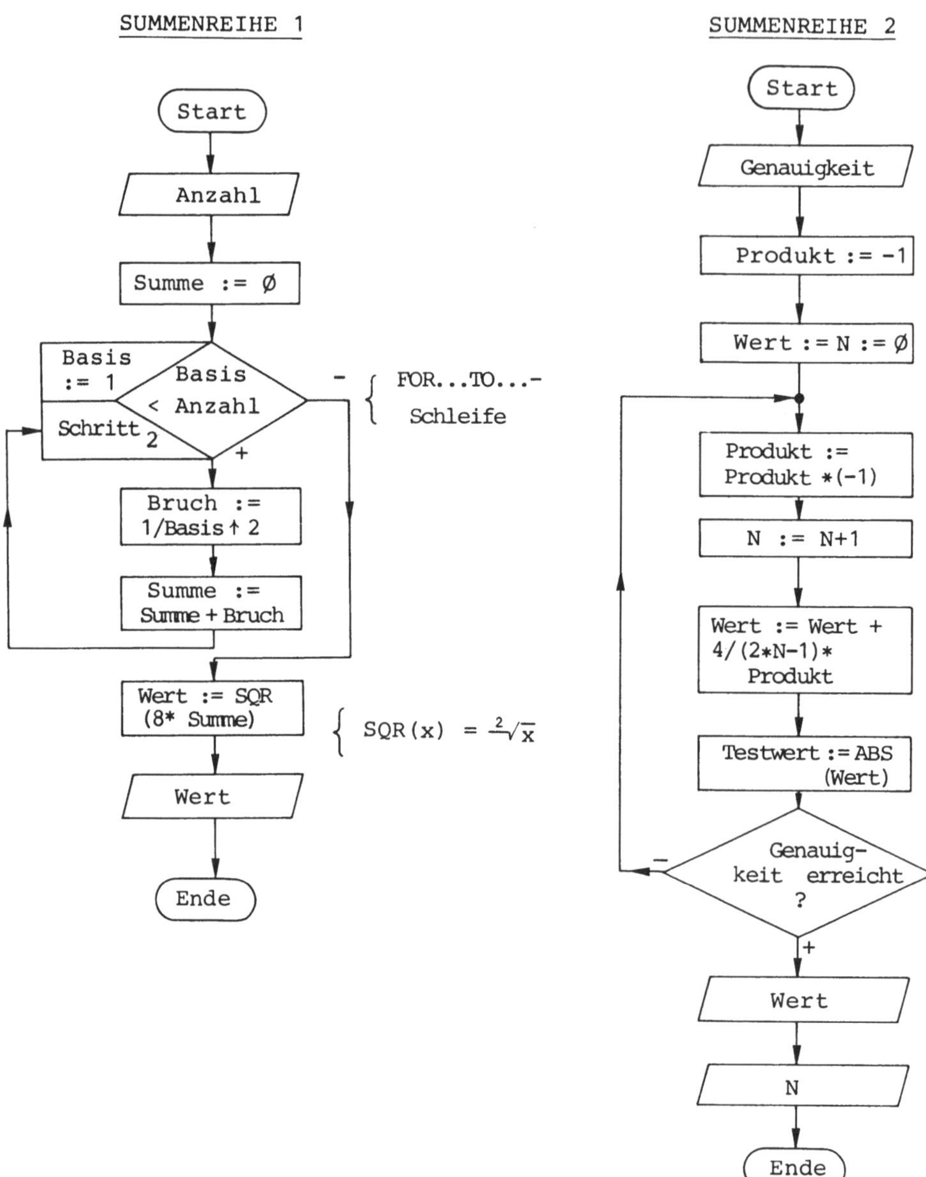
SUMMENREIHE 1
SUMMENREIHE 2
Start
Anzahl
Summe := Ø
Basis := 1
Schritt 2
Basis < Anzahl
−
+
FOR...TO...-
Schleife
Bruch := 1/Basis↑2
Summe := Summe + Bruch
Wert := SQR (8* Summe)
SQR(x) = ²√x̄
Wert
Ende
Start
Genauigkeit
Produkt := −1
Wert := N := Ø
Produkt := Produkt *(−1)
N := N+1
Wert := Wert + 4/(2*N−1)* Produkt
Testwert := ABS (Wert)
Genauig- keit erreicht ?
−
+
Wert
N
Ende

SUMMEN-/PRODUKTREIHE

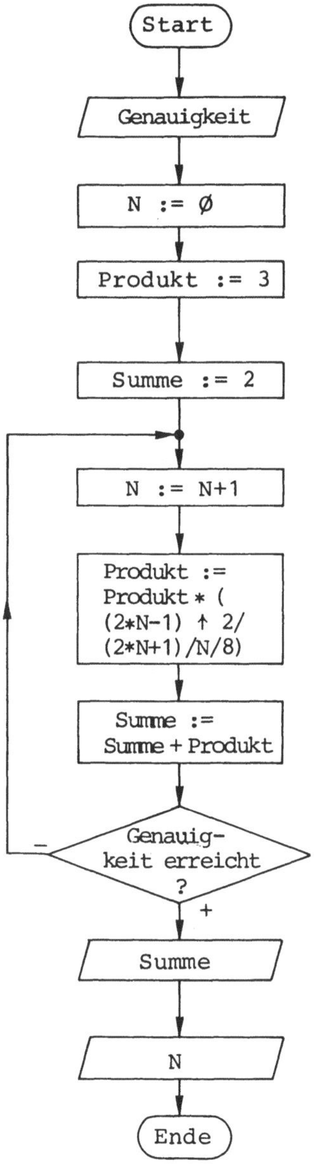

Start

Genauigkeit

N := Ø

Produkt := 3

Summe := 2

N := N+1

Produkt :=
Produkt * (
(2*N-1) ↑ 2/
(2*N+1)/N/8)

Summe :=
Summe + Produkt

Genauig-
keit erreicht
?

Summe

N

Ende

MONTE-CARLO

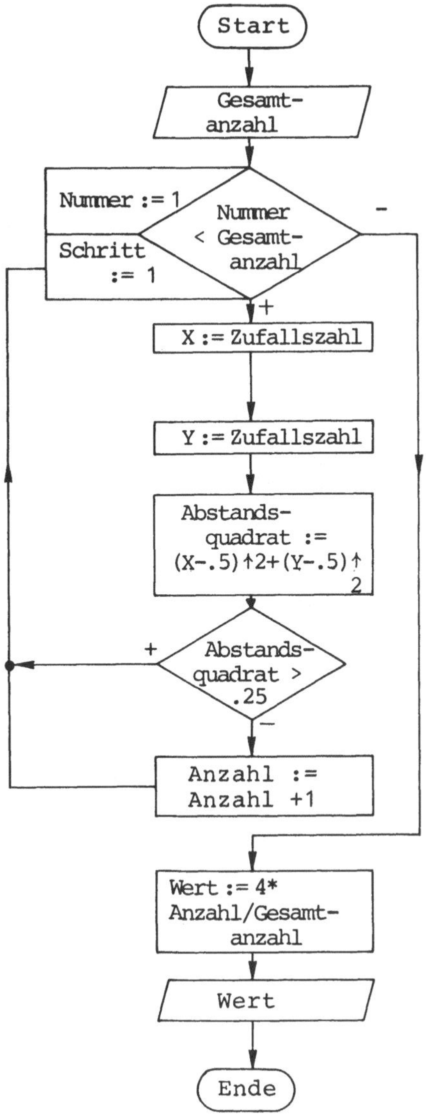

Start

Gesamt-
anzahl

Nummer := 1

Schritt
:= 1

Nummer
< Gesamt-
anzahl

X := Zufallszahl

Y := Zufallszahl

Abstands-
quadrat :=
(X-.5)↑2+(Y-.5)↑2

Abstands-
quadrat >
.25

Anzahl :=
Anzahl +1

Wert := 4*
Anzahl/Gesamt-
anzahl

Wert

Ende

Beschreibung des TRS-80-Programms

Das Programm ist auf einem TRS-80 Level II geschrieben und umfaßt 2162 Bytes Speicherplatz. Zur Ausführung werden zusätzlich einige hundert Bytes benötigt.

Zeilennr.	Funktion
1Ø	Programmüberschrift
2Ø-3Ø	Bildschirm löschen, Ausdruck aller möglichen Verfahren auf dem Bildschirm
4Ø	Definition der Variablen, die mit den Buchstaben G bis M anfangen, als doppelt genaue und der Variablen, die mit A bis C beginnen, als Integers; Definition von PI als Konstante
5Ø-6Ø	Ausgabe der Wahlverfahren
7Ø-9Ø	Der Eingabe entsprechende Reaktion
1ØØ-11Ø	Vergleichswert Pi ausgeben
12Ø-15Ø	Produktreihe 1
16Ø-2ØØ	Vieleckverfahren
21Ø-25Ø	Summenreihe 1
26Ø-27Ø	Definition 1 / Definition 2
28Ø-3ØØ	Summenreihe 2
31Ø-33Ø	Produktreihe 2
34Ø-37Ø	Monte-Carlo-Verfahren

Programmliste

```
1Ø REM PI-BESTIMMUNG **** HC 81 **** LEVEL 2 BASIC
2Ø CLS:PRINT:PRINT @14," **** PI-BESTIMMUNG ****":PRINT:PRINT
   "DAS PROGRAMM BESTIMMT DIE KREISBERECHNUNGSZAHL PI ITERA-
   TIV."
3Ø PRINT:PRINT"FOLGENDE VERFAHREN STEHEN ZUR VERFUEGUNG
   (NUMMER EINGEBEN):"
4Ø DEFDBLG-M:DEFINTA-C:PI=3.1415926535897932
5Ø PRINT:PRINT"VERGLEICHSWERT (1); PRODUKTREIHE 1 (2);":
   PRINT"VIELECKVERFAHREN (3); SUMMENREIHE 1 (4);":PRINT"
   DEFINITION 1(5); DEFINITION 2 (6);"
6Ø PRINT"SUMMENREIHE 2 (7); PRODUKTREIHE 2 (8);"PRINT"MONTE
   CARLO-VERFAHREN (9); ENDE (1Ø)"
7Ø PRINT:INPUT"VERFAHRENSNUMMER";A
8Ø ONAGOTO1ØØ,12Ø,16Ø,21Ø,26Ø,27Ø,28Ø,31Ø,34Ø,38Ø
```

```
 9Ø PRINT"BITTE GEBEN SIE NUR GANZE ZAHLEN VON 1-1Ø EIN!":
    GOTO7Ø
1ØØ PRINT"VERGLEICHSWERT PI =";PI
11Ø GOTO7Ø
12Ø PRINT"PRODUKTREIHE 1 : PI/2=(2↑2/(1✳3))✳(4↑2/(3✳5))✳..."
13Ø INPUT"ANZAHL DER GLIEDER";A:G=1:C=2
14Ø FORB=1TOA:G=G✳C✳C/((C-1)✳(C+1)):C=C+2:PRINTG✳2:NEXT
15Ø PRINT"ANNAEHERUNG AN PI =";2✳G:GOTO7Ø
16Ø PRINT"VIELECKVERFAHREN, BESTIMMUNG VON PI UEBER INNEN-
    UND AUSSENUM- FANG EINES EINHEITSKREISES."
17Ø INPUT"ANZAHL DER DURCHLAEUFE";A:G=1:M=6
18Ø FORB=1TOA:H=SQR(1-G✳G/4):I=1-H:K=G/H
19Ø L=H✳G:J=K✳M:M=M✳2:G=SQR(G✳G/4+I✳I)
2ØØ PRINTL/2+J/2:NEXT:PRINT"ANNAEHERUNG AN PI =";L/2+J/2:
    PRINT"ANZAHL DER ECKEN DES VIELECKS:";M/2:GOTO7Ø
21Ø PRINT"SUMMENREIHE 1, PI↑2/8=1/1↑2+1/3↑2+1/5↑2+..."
22Ø INPUT;ANZAHL DER GLIEDER";A
23Ø C=1:G=Ø
24Ø FORB=1TOA:G=G+1/(C✳C):C=C+2:PRINTSQR(G✳8):NEXT
25Ø PRINT"ANNAEHERUNG AN PI =";SQR(G✳8):GOTO7Ø
26Ø PRINT"DEFINITION 1 : PI=4✳ARCTAN(1) =";4✳ATN(1):GOTO7Ø
27Ø PRINT"DEFINITION 2 : PI=16✳ARCTAN(1/5)-4✳ARCTAN(1/239)
    =";16✳ATN(1/5)-4✳ATN(1/239):GOTO7Ø
28Ø PRINT"SUMMENREIHE 2 : PI/4=1-1/3+1/5-1/7+..."
29Ø INPUT"GENAUIGKEIT DES ERGEBNISSES";G:A=Ø:H=Ø:B=-1
3ØØ B=B✳-1:A=A+1:H=H+4/(2✳A-1)✳B:IFABS(H-PI) =GTHEN3ØØELSE-
    PRINT" ANNAEHERUNG AN PI =";H;"ANZAHL DER GLIEDER:";A:
    GOTO7Ø
31Ø PRINT"PRODUKTREIHE 2 :":PRINT"PI/6=(1✳3✳...✳(2N-1))/(2✳
    4✳...✳2N)/(2N+1)/2↑(2N+1)"
32Ø INPUT"GENAUIGKEIT";G:H=3:I=3:A=Ø
33Ø A=A+1:H=H✳(A✳2-1)↑2/(2✳A+1)/A/8:I=I+H:IFH>=GTHEN33ØELSE
    PRINT"ANNAEHERUNG AN PI =";I;"ANZAHL DER GLIEDER";A:GOT
    O7Ø
34Ø PRINT"MONTE-CARLO-VERFAHREN : ERMITTLUNG VON ZUFALLSZAH
    LEN UND SUMMIE-RUNG DER INNER- UND AUSSERHALB EINES EIN
    HEITSKREISES LIEGENDEN ZAHLEN.    PI/4=I/A."
35Ø INPUT"ANZAHL DER DURCHLAEUFE";A:RANDOM:D=Ø:C=1
36Ø FORB=1TOA:IF (RND(Ø)-.5)↑2+(RND(Ø)-.5)↑2<=.25THEND=D+1
```

```
37Ø PRINTD*4/C:C=C+1:NEXT:PRINT"ANNAEHERUNG AN PI =";D*4/
    (C-1):GOTO7Ø
38Ø END
```

Alle Befehle müssen genau nach Listing eingegeben werden!
Da der TRS-80-Bildschirm nur 64 Zeichen pro Zeile faßt, komken seltsame Trennungen von Worten vor, die aber auf dem
Bildschirm korrekt angezeigt werden! Z.B. in Zeile 34Ø SUM-
MIE-RUNG wird genau wie hier im Text angezeigt: SUMMIE- in
der oberen und RUNG in der unteren Zeile. Bei Bildschirmen
mit 80 Zeichen pro Zeile müssen die Trennungen entsprechend
geändert werden.

Anmerkungen zu den Verfahren

Wirklich interessant sind hier nur zwei Verfahren:
I. Das Vieleckverfahren:
Hier geht man von einem Einheitskreis aus und nähert seinen
Umfang zunächst durch ein ein- und ein ausgeschriebenes
Sechseck an. Dieser Wert ist natürlich sehr ungenau, deshalb geht man nun davon aus, daß man aus dem Sechseck ein
Zwölfeck, aus dem Zwölfeck ein 24-Eck usw. konstruiert. Die
neue Seitenlänge eines Vielecks erfahren wir durch Anwendung
zweier geometrischer Hilfsmittel: a) des Satzes von Pythagoras und b) der Strahlensätze. Das heißt, durch Verdopplung
der Eckenzahl ist uns trotzdem eine Möglichkeit gegeben, die
Seitenlänge zu berechnen und dadurch den Umfang. Es ist
klar, daß für große Eckenzahlen Innen- und Außenumfang gegen
den Kreisumfang konvergieren, und damit erhalten wir eine
immer genauer werdende Annäherung für Pi.
II. Das Monte-Carlo-Verfahren:
Wieder denkt sich der Computer einen Einheitskreis. Nun werden über Zufallszahlen die Koordinaten eines Punkts bestimmt. Liegt er innerhalb des Kreises, so wird ein Zähler
erhöht. Pi/4 ergibt sich aus dem Quotient der innerhalb des
Kreises liegenden Punkte durch die außerhalb liegenden. Um
zu ermitteln, ob die Punkte innerhalb oder außerhalb des
Kreises liegen, macht man sich auch in diesem Fall den Satz
des Pythagoras zunutze.

Alle anderen Verfahren (außer Definitionen/Vergleichswert)
bauen auf rein mathematische Verfahren wie Summen- bzw. Pro-
duktreihen auf.
In den Flußdiagrammen werden nun die Verfahren als solche be-
trachtet.

Produktreihe 1

$$\frac{\pi}{2} = \frac{2^2}{1 \cdot 3} * \frac{4^2}{3 \cdot 5} * \ldots * \frac{(2n)^2}{(2n-1)(2n+1)}$$

Variable:

Integer:　A : 　Anzahl der Glieder

　　　　　B : 　Laufvariable

　　　　　C : 　N (Zähler für Produkt)

doppelt
genau : G : 　Produkt (π/2)

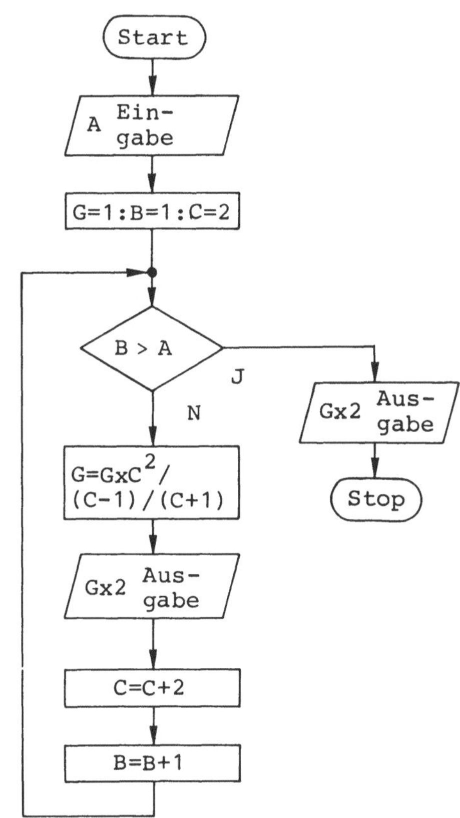

Vieleckverfahren

Variable:

Integer: A :   Anzahl der Durchläufe

doppelt   G :   Radius (Seitenlänge innen)
genau
           H :   Abstand Mittelpkt.Kreis-Seite (innen)

           I :   Abstand Innenseite/Außenseite

           J :   Pi (Außen)

           K :   Seitenlänge außen

           L :   Pi (Innen)

           M :   Anzahl der Ecken

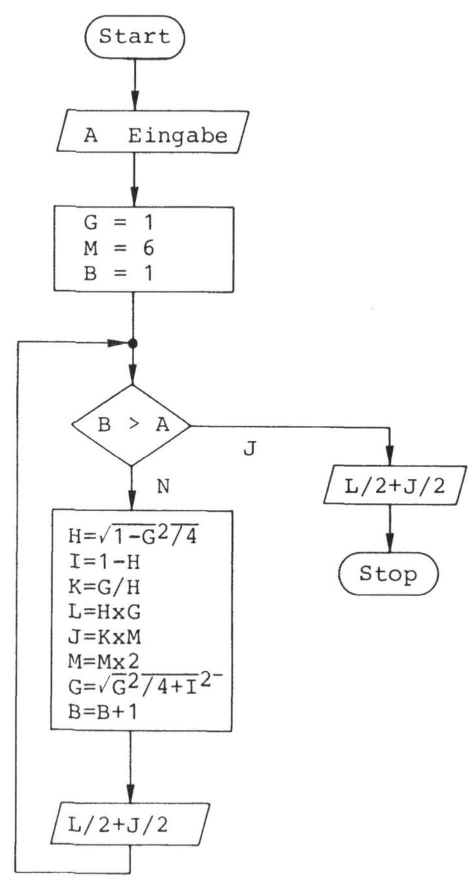

<u>Summenreihe 1</u>

$$\frac{\pi^2}{8} = \frac{1}{1^2} + \frac{1}{3^2} + \frac{1}{5^2} + \ldots + \frac{1}{(2n-1)^2}$$

Variable:

Integer: A : Anzahl der Glieder

          B : Zähler

          C : 2n-1

doppelt: G : Summe $(\pi^2/8)$
genau

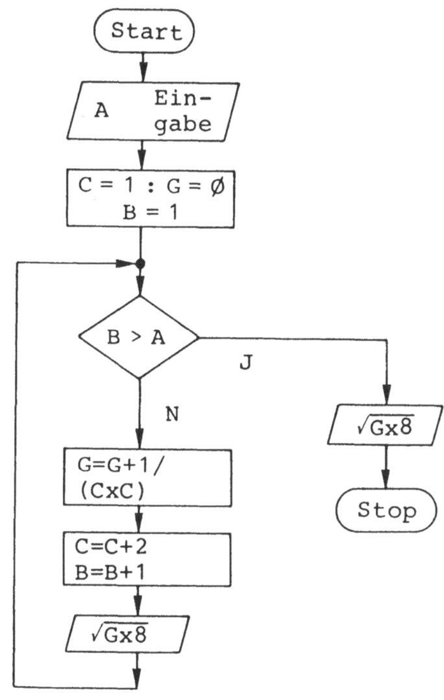

Summenreihe 2

$$\frac{\pi}{4} = 1 - \frac{1}{3} + \frac{1}{5} + \frac{1}{7} + \ldots$$

Variable:

Integer: A :   Anzahl der Glieder

           B :   Faktor (-1 oder +1)

doppelt: G :   Genauigkeit
genau   H :   Annäherung an π

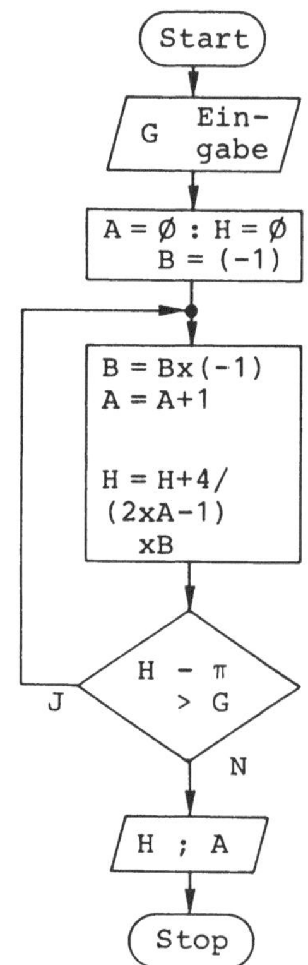

Produktreihe 2

$$\frac{\pi}{6} = \frac{1 \cdot 3 \cdot \ldots \cdot (2n-1)}{2 \cdot 4 \cdot \ldots \cdot 2n} \cdot \frac{1}{(2n+1) \cdot 2^{(2n+1)}}$$

Variable:

Integer: A :   Anzahl der Glieder

doppelt: G :   Genauigkeit
genau
           H :   k-tes Glied der Summe

           I :   Annäherung an π

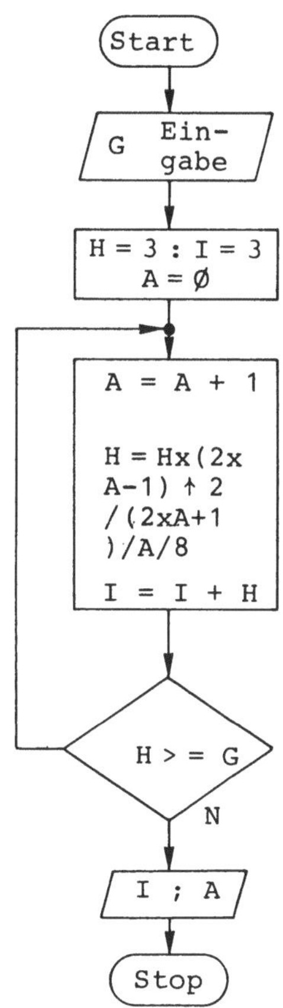

Monte-Carlo-Verfahren

Variable:

Integers: A : Anzahl der Durchläufe

B : Zähler

C : bisher bestimmte Punkte

D : Zähler (Pkte. innerhalb)

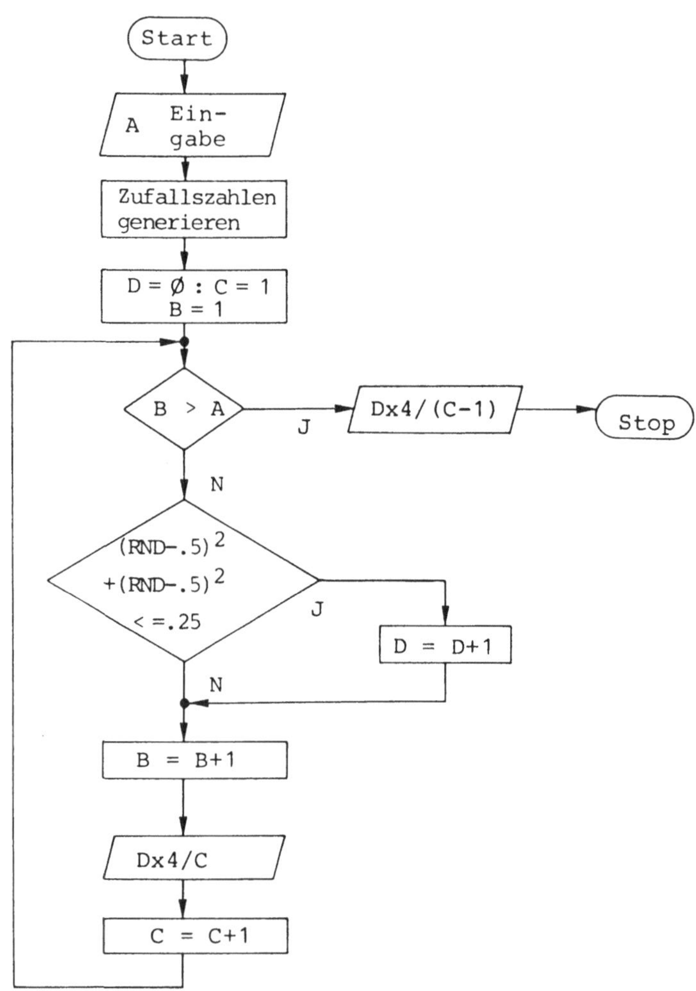